KB237528

충돌하는 성결론

현대 성화 교리의 주요 쟁점들

부록

성결과 헬라어 시제

충돌하는 성결론: 현대 성화 교리의 주요 쟁점들
부록: 성결과 헬라어 시제

Copyright ⓒ 웨슬리 르네상스 2023

초판1쇄 2023년 6월 30일

지은이   W. T. 퍼카이저 / (부록) 다니엘 스틸
옮긴이   장기영
펴낸이   장기영
편   집   장기영
표   지   장여결
교정 · 윤문 이주련
인쇄 (주) 예원프린팅

펴낸곳 웨슬리 르네상스
출판등록 2017년 7월 7일 제2017-000058호
주   소 경기도 부천시 호현로 467번길 33-5, 1층 (소사본동)
전   화 010-3273-1907
이메일   samhyung@gmail.com

ISBN 979-11-966084-6-0 (03230)
값 18,000원

Conflicting Concepts of Holiness:
Some Current Issues in the Doctrine of Sanctification

충돌하는 성결론

현대 성화 교리의 주요 쟁점들

W. T. 퍼카이저 지음 | 장기영 옮김

부록

The Tense Readings of
the Greek New Testament

성결과 헬라어 시제

다니엘 스틸 지음 | 장기영 옮김

웨슬리 르네상스

역자 서문

16세기 종교개혁자 마르틴 루터와 존 칼빈은, 중세 가톨릭의 행위구원론과 공로사상에 맞서 오직 은혜에 의해, 믿음을 통해 얻는 칭의와 중생을 강조했으나, 성경적 성결론은 바르게 가르치지 못했습니다. 인간의 노력과 공로로 성화를 이룰 수 있다는 가톨릭의 오류에 질색했던 그들은, '성결' 또는 '그리스도인의 완전'이라는 성경적 교리를 언제나 가톨릭의 오류와 연결지어 이해했기 때문입니다. 그 결과 하나님께서 그 자녀를 죄에서 온전히 정결하게 하심을 부인하고, 은혜에 의한 죄인의 변화 가능성보다 인간의 전적 타락과 구원에서의 절대무능을 강조했습니다. 그들의 영향력 아래 많은 개신교인이 아직도 성경적 성결론에 대해 제대로 알지 못한 채 루터, 칼빈과 함께 그것을 반대하는 이 때, 나사렛 신학자 퍼카이저 박사의 이 책과, 부록으로 추가한 감리교 신학자 다니엘 스틸의 탁월한 논문 "성결과 헬라어 시제"를 통해, 많은 분들이 새롭게 성경적 성결론을 발견하고 믿고 추구하게 되기를 간절히 소망합니다. 다니엘 스틸의 논문은, 성결을 체험하고 열심히 전파하신 고(故) 김용련 목사님과 선종욱 교수께서 각각 번역, 출판하신 적 있지만, 이 책의 주제에 중요한 통찰을 더하기에 새롭게 번역했습니다. 참고로, 이 책에서 방언 같은 은사에 대한 저자의 견해는, 웨슬리와 웨슬리안의 일반적 견해와 거리가 있어, 역주로 보완설명을 덧붙였음을 알립니다.

2023년 여름

장기영 박사

추천의 글

진리에 대한 올바른 논의는 하나님 나라의 더 깊은 행동원리를 추구하는 사람의 마음에 언제나 도전을 줍니다. 패서디나 칼리지(Pasadena College, 현재 Point Loma Nazarene University – 역주)의 학장인 W. T. 퍼카이저(W. T. Purkiser) 박사는 1952년 베리 강연(Berry Lectures)에서 오래된 신학 주제들에 관해 매우 신선한 성경적 관점을 제시해 교수진과 학생들의 생각에 자극을 주었습니다. 그의 메시지는 이 시대의 성결론 및 여러 신학적 문제의 더 깊은 연구에 새로운 앞날을 열어 주었습니다.

퍼카이저 교수가 나사렛 신학대학원을 방문한 것은 제7회 베리 강연을 위해서였습니다. 이 강연은 유진 베리(Eugene Berry) 씨의 후원으로 오랫동안 일리노이주 시카고시 제일나사렛교회의 훌륭한 평신도였던 그의 부친 고(故) 잭 베리(Jack Berry) 씨를 기념해 이루어졌습니다. 강사 섭외는 신학교의 실천신학 교수인 L. A. 리드(L. A. Reed) 박사가 담당했습니다. 하나님의 섭리 가운데 후원자 유진 베리 씨와 리드 박사 모두는 이 강연이 열리기 직전 하나님의 부르심을 받았습니다. 이 두 분의 공헌은 이번과 이전 강연을 통해 시간과 영원 속에서 계속될 것입니다.

나사렛 신학대학원 학장

루이스 T. 콜렛(Lewis T. Corlett)

머리말

이 책에 사용된 자료들은 1952년 10월 캔자스시티의 나사렛 신학대학원(Nazarene Theological Seminary)에서 열린 베리 강연(Berry Lectures)과 1953년 3월 매사추세츠주 울러스턴의 동부 나사렛 대학(Eastern Nazarene College)에서 진행된 존 굴드 기념 강연(John Gould Memorial Lectures)을 위해 준비한 것이다. 그 중 세 개의 자료는 1952년 로스앤젤레스 지방회 목회자 수련회에서 강연한 것이다.

강연한 내용과 이 책의 주된 차이는 강연의 구어체 형식을 좀 더 공식적인 형태의 문어체로 수정한 점이다. 참고문헌과 인용 성구는 책 뒷부분에 미주로 모아, 원하는 사람은 확인할 수 있게 하면서도 원치 않는 사람의 독서를 방해하지 않도록 했다.

저작권이 있을 경우 사용 허락을 받아 감사한 마음으로 인용한 자료는 다음과 같다; Gospel Publishing House(미주리주 스프링필드)가 출판한 랄프 M. 릭스(Ralph M. Riggs)의 『성령 그 자신』(*The Spirit Himself*), Strombeck Agency(일리노이스주 몰린)가 출판한 J. H. 스트롬벡(J. H. Strombeck)의 『영원히 멸망하지 않으리니』(*Shall Never Perish*), 존 R. 라이스(John R. Rice)의 소책자 『구원을 상실할 수 있는가?』(*Can a Saved Person Ever Be Lost?*), <<The King's Business>>지에 실린 더글라스 C. 하틀리(Douglas C. Hartley)의 논문 「신자의 영원 구원 보장」(The Security of the Believer), The Loiseaux Brothers, Inc.에서 출판한 어거스트 반 린(August Van Ryn)의 『요한서신』(*The Epistles of John*), 달라스 신학대학원 출판사가 출판한 루이스 스페리 채퍼(Lewis Sperry Chafer)의 『조직신학』 제3, 4권.

이 작은 책은 이제 더 위대한 영광의 나라에 들어간 한 평신도와 두 목회자를 기념해 존경의 마음을 담아 헌정한 것이다. 부친 잭 베리 씨를 기념해 베리 강연회를 창립한 유진 베리 씨, J. 글렌 굴드(J. Glenn Gould)가 굴드 강연 시리즈를 설립해 그 이름을 기념하고자 한 존 굴드 목사, 그리고 나사렛 신학대학원의 강연회를 준비했으나 그 자신은 살아서 강연을 듣지 못한 L. A. 리드 박사가 그들이다.

파사데나 대학에서

W. T. 퍼카이저

서문

그리스도인의 삶의 중요한 주제들 중 성경적 성결만큼 오랫동안 제대로 연구조차 되지 않은 채 유야무야 덮어 두었던 주제는 없다. 이 책의 목적은 "성도에게 단번에 주신"(유 1:3) 성결의 신앙에 대한 현대의 쟁점을 고찰하는 것이다.

이 책에서 다루는 각 쟁점은 모두 도전이나 토론, 논쟁이 벌어지는 접점이다. 우리는 우리가 사역하는 사람들의 마음에서 일어나는 의문들을 알지 못하고서는 어떤 교리도 성공적으로 설교하거나 가르칠 수 없다. 성결에 관한 문헌을 보면 과거에 제기된 문제들에 대해 성결의 진리를 강하게 옹호하는 내용으로 가득하다. 오류는 세대를 이어 가며 주기적으로 재발해 일종의 영속적 특성을 지니지만, 그렇더라도 한 세대의 중심 교리를 오늘의 특정 문제와 연결 지어 설명하는 일은 언제나 중요하다.

이 책에서 우리가 특별히 관심을 갖는 주제는, 현대 복음주의 기독교가 우리에게 제기하는 문제에 관한 것이다. 즉, 우리는 흔히 말하는 현대주의에 반대하거나, 성경의 완전 영감설과 성경의 최종적 권위에 반대하는 일부 기독교의 관점에 반대하기 위해 웨슬리안의 온전한 구원관을 제시하려는 것이 아니다. 나는 성경이 모든 교리적 진리와 실천적 의무의 가장 중요한 원천임을 믿으며, 성경은 언제나 문맥에서 해석되어야 하고, 그럴 때만 성경의 의미를 바르게 알 수 있다고 믿는 전통적 복음주의가 주창해 온 본질적 진리와 가치를 온당한 것으로 전제할 것이다.

나사렛 교단이 복음주의 진영 내에서 가지고 있는 현재의 지도력은 오늘날 이러한 작업의 수행을 특별히 필요로 한다. 우리는 복음주의 진영에서 점점 더 중요한 일원으로 여겨지고 있다. 사람들은 우리의 고유한 특징인 성경적 기독교를 직설적으로 제시하는 매력에 점점 더 관심을 보이고 있다.

이는 우리의 고유한 신앙적 특징을, 우리가 벗어날 수 없고 벗어나서도 안 되는 더 넓은 복음주의 진영에서 제기된 쟁점들과 연결 지어야 할 책무가 있음을 의미한다. 우리는 우리가 소중히 간직해 온 특별한 소망에 관해 확고한 근거를 제시할 수 있도록 언제나 준비되어 있어야 한다.

여기서 모든 쟁점을 고찰하고 논의하기를 바라는 것은, 간략한 책에서 너무 많은 것을 기대하는 것이 될 것이다. 저자가 복음주의의 가장 중요한 쟁점들을 적절히 선택할 수 있는지는 복음주의 진영에서 그가 경험한 내용과 그의 인적 네트워크가 얼마나 표본적인지에 달려 있다. 나는 이 작업이 지금까지 논의되어 온 주제들을 다시 다루기는 하지만 현대의 쟁점 중 일부만 논의하는 데 그치기에, 성결론 연구로는 불완전하고 성결론에 관한 전형적인 연구가 될 수 없다는 비난을 받지 않기를 바란다. 물론 과거보다 지금 더 많은 쟁점이 존재하고, 나중에는 더 많아질 것이다. 그러나 이 책이 다루는 주제는 웨슬리안 완전 성화(entire sanctification) 교리의 핵심에 해당되는 내용이다.

이 책의 내용을 오해하지 않기 위해 먼저 유의할 사항이 있다. 나는 이 책에서 인용한 어떤 저자에 대해서도 그의 인격이나 명성을 헐뜯고자 하는 의도가 전혀 없다. 우리는 논쟁에서 이기기 위해 논리학자들이 인신공

격성 논증(*argumentum ad hominem*)으로 부르는 것에 빠질 필요가 없다. 우리가 동의할 수 없는 주장을 한다 해서 그 사람의 동기까지 비난할 필요가 없으며, 또 어떤 의미로든 그 사역을 비방해서도 안 된다. 많은 경우 사람이 믿는 교리와 그것을 믿는 사람의 인격 사이에는 큰 간격이 있다. 많은 사람이 그들이 믿고 있는 교리보다 더 훌륭하다. 물론 애석하게도 그렇지 않은 사람도 많다.

다른 사람의 말을 인용할 때는 정확성과 공정성을 기하기 위해 그들이 직접 말하게 할 것이다. 그 이유는 논점을 부각시키려는 것이지, 그 저자를 비난하려는 것이 아니다. P. F. 브릿지(P. F. Bresee) 박사의 말대로, 우리는 그리스도의 피로 값 주고 사셨으며 그 피로 죄 씻음 받은 세상의 모든 영혼과 영적으로 한 가족임을 기쁘게 공언한다. 우리가 앞으로 언급할 많은 사람은 그리스도 안에서 우리 형제다. 우리는 그들을 사랑한다. 우리가 애석하게 생각하는 것은 오직 그들의 이해와 해석에서의 오류다.

우리는 하나의 교리적 주장이 다른 주장과 동등하게 가치가 있다거나, 삶이 바르기만 하다면 그가 어떻게 믿든 큰 차이가 없다고 말하지 않는다. 바울은 "악한 동무들은 선한 행실을 더럽히나니"(고전 15:33)라고 한 것이 바로 그런 뜻이다. 다시 말해, 잘못된 가르침이 가져오는 일반적인 결과가 삶의 타락이라는 것이다. 우리 모두가 사랑하고 추구하는 자유는 진리를 알고 순종하는 데서 비롯되는 자유다.

우리가 고찰하고자 하는 그리스도인의 성결에 관한 다섯 가지 주된 쟁점은 다음과 같다.

1. 성결은 전가되는가, 아니면 분여되는가? 다시 말해, 신자가 성결하다는 것은 하나님의 생각 속에서 이루어지는 법적 계산이 그렇다는 것인가, 아니면 신자의 인격적이고 도덕적인 특성이 실제로 그렇다는 것인가? 우리는 '성결과 죄의 근절'이라는 주제로 이 문제를 살펴볼 것이다.

2. 성결은 점진적인가, 아니면 순간적인가? 성결은 죄 된 본성을 점점 더 억제해 나가는 끊임없는 과정인가, 아니면 내적인 죄를 순간적으로 못 박아 버리는 것인가? 이것이 2장 '점진적 성화와 순간적 성결'에서 다룰 주제다.

3. 우리가 삶에서 범하는 자범죄(actual sin)란 무엇인가? 하나님의 객관적이고 완벽한 의의 기준에 미치지 못하는 것인가, 아니면 하나님의 알려진 법을 의도적으로 위반하는 것인가? '그리스도인의 완전과 죄의 올바른 정의'에서 이 주제를 다룰 것이다.

4. 온전한 구원의 증거나 징표는 무엇인가? 성령 세례라는 실체를 확증하기 위해 외적 표현으로 나타나는 특정한 성령의 은사가 있는가? 이 주제는 '성결과 그 징표'에서 다룰 것이다.

5. 마지막 장에서는 그리스도인의 구원의 확신의 토대가 무엇인지 살펴볼 것이다. 신자의 확신의 근거는, 단 한 번의 행위에 의한 최종적 구원의 영원한 보장, 곧 과거에 처음 예수님을 믿기로 선택한 행위인가? 아니면 우리가 지금 서 있는 이 은혜의 상태로 들어와 현재적으로 하나님의 영광을 바라며 즐거워하는 것인가?(롬 5:2) 이 주제는 '성결과 영원한 구원 보장'에서 다룰 것이다.

1장 성결과 죄의 근절

그리스도인의 성결에 관한 웨슬리안 교리의 정수와 핵심은, 하나님께서는 자신의 것으로 온전히 구별하신 신자를, 은혜로운 성령의 선물을 통해, 이 세상에서 사는 동안, 실제로 그들 속에 남아 있는 유전된 죄의 찌꺼기를 온전히 씻어 주심으로 "모든 행실에 거룩한 자"(벧전 1:15)가 되게 하실 수 있고, 또 그렇게 하신다는 것이다.

그러한 씻음을 부인하는 어떤 가르침도 우리가 의미하는 성결과 동일하다고 말하는 것은 적절하지 않다. 완전 성화 교리의 요점은 영혼을 실제로 깨끗이 씻어 주신 결과로서의 마음의 정결함이다.

I. 신분상의 성결

이러한 성결이 신앙에 대한 중요한 도전 중 하나는, 그런 정결함은 불가능하며, 신약의 성결은 그리스도 안에 있는 신자가 실제로 도덕적으로는 순결하지 못함에도 거룩하다고 여겨 주시는 신분상의 성결이라고 확언하는 성경 교사, 전도자, 신학교, 라디오 설교자 등 매우 다양한 그룹에서 발생한다.

만약 내가 그들의 주장을 바르게 이해했다면, 이 입장은 C. I. 스코필드(C. I. Scofield) 박사 및 그와 함께 스코필드 주석성경을 집필한 동료 학자들의 관점과 동일하다. 이는 드와이트 L. 무디(Dwight L. Moody)의 기념비적인 사역에서 비롯된 성경학원들과 그 이외의 훌륭한 신학교들이 대체로 견지하는 관점이기도 하다. 이 관점이 현대에도 널리 받아들여지게 된 데는 19세기 영국의 플리머스 형제단(Plymouth Brethren)과 20세기 케직 사경회(Keswick Conference)의 영향이 크다. 나는 그들을 그렇게 하나로 묶어 설명함으로 서로 다른 그룹들이 표방해 온 다양한 사상의 국면들을 부당하게 다루려는 의도는 없다. 그러나 그들은 신분상의 성화 또는 때때로 '그리스도 안에서의 거룩함'으로 불리는 성결 이해에서 서로 일치하는 듯하다.

많은 신자와 설교자가 스코필드 주석성경을 사용하기 때문에, 요한계시록 22장 11절("불의를 행하는 자는 그대로 불의를 행하고 더러운 자는 그대로 더럽고 의로운 자는 그대로 의를 행하고 거룩한 자는 그대로 거룩하게 하라")에 관해 어떻게 설명하고 있는지 주목해 보자. 스코필드 성경은 이 구절이 사람에게 '거룩하다'라는 말을 사용할 때 삼중적 의미가 있다고 주장한다. 첫째, 신분이라는 측면에서, 신자는 구원에 의해 영원히 하나님의 것으로 구분되었다고 말한다. 그래서 믿는 순간부터 '신분상으로' 성도가 되고 거룩하다는 것이다. 이러한 주장을 뒷받침하는 성경 본문은 빌립보서 1장 1절("그리스도 예수의 종 바울과 디모데는 그리스도 예수 안에서 빌립보에 사는 모든 성도와 또한 감독들과 집사들에게 편지하노니")과 히브리서 3장 1절("그러므로 함께 하늘의 부르심을 받은 거룩한 형제들아 우리가 믿는 도리의 사도이시며 대제사장이신 예수를 깊이 생각하라")이다. 둘째, 경험의 측면에서, 신자는 성경말씀을 통해, 성령에 의해 성화되는 과정에 있다고 주장한다. 셋째, 완성의 측면에서, 신자는 온전한 성화가 주님의 재릴 때 이루어지기를 기다리고 있다고 말한다.

우리가 지금 다루는 주제는 이 중 첫 번째, 즉 신분상의 성결은 이루어 지지만, 그 사실이 경험되지 않는 성결이 있다는 주장에 대한 것이다. 즉 모든 구원받은 영혼은, 비록 그들이 성령의 사역으로 성경말씀을 통해 여전히 '성화되어 가는' 과정에 있을 뿐 그리스도께서 다시 오실 때까지 결코 온전히 성화될 수는 없더라도, 여전히 '성도'며 '거룩하다'는 것이다. 앞의 주장 중 두 번째와 세 번째, 즉 성화는 그 성격이 점진적이며, 오직 죽거나 휴거될 때나 완성될 수 있다는 주장은 2장에서 살펴볼 것이다. 여기서는 신분상의 성결 교리에 초점을 맞춰 보자.

만약 앞서 말한 '신분상'의 성화라는 말이 성화의 '잠재적 가능성이 있다'는 의미라면, 반대할 이유가 없다. 그러나 그 저자들이 말한 것은 사실 그런 의미가 아니라는 데 문제가 있다. '신분상'의 성화에 대한 주장의 행간에는 표면적으로 드러나지 않는 많은 것이 있다. 이러한 성화론을 가르치는 사람들은 다음과 같은 적어도 다섯 가지의 관련된 주장에 토대를 두고 있다.

첫째, 그리스도인은 이 세상에서 살아가는 내내 두 개의 본성으로 살아간다. 그중 하나는 하나님의 씨, 다른 하나는 육적인 마음 또는 죄 된 본성이다. 이 두 본성은 언제나 공존하기 때문에 신자가 실제로 행하는 모든 것이 때로는 이것의 영향 아래, 때로는 그 반대의 영향 아래에서 이루어지지만, 그럼에도 그 모든 것은 어떤 경우에도 신자와 하나님의 관계를 개선하거나 방해하지 못한다.

둘째, 신자는 그리스도 안에 있고 그리스도는 거룩하시므로 신자는 그리스도 안에서는 거룩하지만, 그 자신의 인격이나 행동이 반드시 거룩해지는 것은 아니다. 달리 말해, 신자가 고백하는 죄들을 덮기 위해 그리스도의 의, 즉 하나님의 율법에 대한 그리스도의 완벽한 순종이 전가되는 것은 칭의에서만이 아니다. 그리스도의 성결, 즉 그분의 본성이 하나님의 성품과 일치하는 것 역시 신자에게 전가된다. 따라서 그들은 비록 신자가 육욕과 죄로 가득한 때조차도, 하나님께서는 그를 언제나 그리스도를 통해 보시므로 신자를 그리스도와 동일하게 거룩하게 보신다고 주장한다.

셋째, 신자의 죄 된 본성은 이 세상에서는 결코 파괴될 수 없기 때문에, 신자는 육적인 마음이 자신을 부분적으로, 때로는 완전히 지배해 버리는 상태를 벗어날 수 없다. 그럼에도 신자는 이 죄 된 본성에서 비롯된 죄 때문에 하나님의 심판대에서 저주를 선고받지는 않는다. 그들의 주장에 따르면, 이 죄는 그리스도께서 재판석에 앉아 상급을 결정하실 때 다루어진다.

넷째, 신자가 처음 그리스도를 영접할 때 주어지는 칭의나 죄 용서는 영원한 칭의로서, 그가 과거에 지은 모든 죄만이 아니라, 미래에 지을 모든 죄까지 단번에 해결한다. 오직 믿음만이 칭의의 근거고, 만약 회개가 조금이라도 언급된다면 그것은 죄를 짓는 그리스도인이 자신이 하나님과의 교제를 잃어버리거나 망가뜨린 것을 깨달았을 때 느끼는 일시적 슬픔일 뿐이다.

다섯째, 앞선 주장에서 뒤따르는 결론은, 그리스도 안에서 신자의 신분은 그의 도덕적 상태의 변동과 관계없이 영원하고 불변한다는 것이다. 신자의 영원한 구원 보장의 교리로 알려져 있는 이 주장은 기본적으로, 한 번 구원받은 사람이라면 그가 신앙을 가졌든 그렇지 않든, 많은 죄를 짓고 살든 의롭게 살든 누구나 최종적으로는 절대로 구원을 상실할 수 없다고 말한다.

이 주장들 중 첫째와 둘째 주장은 이곳에서 다루고, 셋째와 넷째는 3장, 그리고 다섯째 주장은 5장에서 다룰 것이다.

II. '두 본성' 교리

이제 신자 속에 있는 두 개의 본성과 성결의 전가라는 짝을 이루는 교리, 즉 우리가 죄 된 본성을 가지고 있더라도 '그리스도 안에서는 성결하다'고 말하는 칼빈주의자들의 주장을 더 자세히 살펴보자.

신분상의 성결에 대한 주장은 우리가 다루는 주제 전반과 더 직접적 연관성을 가지고 있기 때문에, 우리는 두 본성 교리에 많은 지면을 할애하지는 않을 것이다. 두 본성 교리란 우리가 일반적으로 들어 온 것처럼, 회심 때 신자의 내면에 심겨진 "하나님의 씨"는 "범죄하지 못하고" 의를 행하기 원하는 근본적으로 다른 본성이라는 믿음이다(요일 3:9, "하나님께로부터 난 자마다 죄를 짓지 아니하나니 이는 하나님의 씨가 그의 속에 거함이요 그도 범죄하지 못하는 것은 하나님께로부터 났음이라"). 이 새 본성과 함께 공존하는 것이 옛 사람 곧 육적인 자아인데, 이는 파괴하는 것이 불가능할 정도로 우리 인간이 처해 있는 죽을 운명의 본질적 일부다. 이러한 주장을 뒷받침하기 위해 주로 내세우는 성경 본문은, 요한복음 3장 6절의 "육으로 난 것은 육이요 영으로 난 것은 영이니", 갈라디아서 5장 17절의 "육체의 소욕은 성령을 거스르고 성령은 육체를 거스르나니 이 둘이 서로 대적함으로 너희가 원하는 것을 하지 못하게 하려 함이니라" 등이다.

만약 이 주장이 육적인 마음의 성향을 가지고 아직 성화되지 못한 그리스도인의 노력을 어설프게 묘사하는 것이라면, 그런 설명에는 누구도 반대하기 힘들 것이다. 그러나 여기에는 그보다 더한 주장이 포함되어 있기에 문제가 되는데, 그것은 이러한 상태가 그리스도인의 삶의 표준이며, 우리는 그 이상의 상태를 기대할 수 없다는 주장이다. 또 이 두 본성 상호 간의 관계는 매우 독립적이어서 그 각각은 다른 편의 활동에 상대적으로 영향을 받지 않는다고 주장하는 것이다. 따라서 신자는 성령의 영향 아래에서 행동하면서도, 동시에 그것에 의해 육적인 마음을 바로잡지 않을 수도 있다. 그리고 반대로, 사실상 이것이 결정적인 것인데, 신자는 육적 본성의 영향 아래 죄를 지으면서도, 동시에 영적인 본성은 그것에 의해 조금도 영향받지 않을 수 있다.

이 기발한 주장에는 관찰해야 할 두 가지 사실이 있다. 첫째, 인간의 본성을, 한 부분이 다른 모든 부분에 영향을 끼치거나 변화를 일으키지 않을 정도로 제각각 구분된 것으로 설명하는 것은 심리학적으로 볼 때 매우 어리석은 주장이다. 비정상적인 정신 분열의 경우를 제외하면, 인간의 정신은 하나의 역동적 통일체로서, 다양한 자극에 반응할 때 통합된 자아로서 반응하며, 그러한 각 반응에 의해 계속적인 변화를 경험한다. 두 본성에 관한 견해는 사실상 영적 정신 분열 상태, 즉 일종의 종교적 지킬 박사와 하이드를 주장하는 것이다.

둘째, 두 본성에 관한 이론은 사실상 성경적 신생의 교리를 부인한다. 성경은 어디에서도 신생을, 신적 본성이 주입되었음에도 인간 본성에는 아무런 변화가 없는 상태로 설명하지 않는다. 신생은 사람의 영혼에 어떤 추상적인 영적 실체가 추가되는 것이 아니라, 그 사람 자체가 하늘로부터 나는 것이다. 고린도후서 5장 17절은 두 본성 이론의 오류를 바로잡는 건전한 해독제를 제공한다. "그런즉 누구든지 그리스도 안에 있으면 새로운 피조물이라 이전 것은 지나갔으니 보라 새 것이 되었도다."

III. 성경적 성결의 성격

이제부터 살펴볼 내용, 곧 신자의 성결은 '그리스도 안에서' 가능할 뿐 그 자신 속에 내재적으로 이루어지는 것이 아니라는 주장은 어떤가? 예를 들어, 루이스 스페리 채퍼(Lewis Sperry Chafer)는 자신의 『조직신학』 제6권에서 "신분상으로 보면, '옛 사람'은 영원히 제거되었다. 그러나 경험적으로 보면, '옛 사람'은 오직 하나님의 능력만이 다스릴 수 있는 활동적인 세력으로 여전히 우리 삶 속에 남아 있다"고 말한다. 만약 이런 주장이 사실이라면, 웨슬리안 완전 성화의 교리는 잘못되었을 뿐 아니라 위험하기까지 하다. 따라서 우리가 이 문제를 바르고 명료하게 이해하는 것은 매우 중요하다.

우리는 무엇보다 이러한 견해를 지지하는 직접적인 성경 본문 인용이

---

1 Lewis Sperry Chafer, *Systematic Theology* (Dallas, TX: Dallas Seminary Press, 1947), VI, 270.

거의 전무하다는 점에 깊은 인상을 받는다. 그런 주장을 하게 된 것은 동시에 붙들 수 없는 두 가지를 모두 붙들려 하기 때문인 것으로 보인다. 즉, 한편으로는 성경이 "거룩함을 따르라 이것이 없이는 아무도 주를 보지 못하리라"(히 12:14)라고 말씀하는 대로 성결에 대한 요구를 충족시키면서, 다른 한편으로는 마음에 계속 죄를 가지고 있어도 된다는 허가증도 갖고 싶은 것이다. 우리는 성결해야 하는데, 만약 그리스도께서 우리의 칭의가 되시는 것과 마찬가지로 우리의 성결이 되시면, 신자는 경험적으로는 죄로 가득하더라도 신분상으로는 성결할 수 있게 된다.

신자가 '그리스도 안'에 있다는 것 때문에 그가 본성과 행동에서 실제로 얼마나 죄가 많은지와 관계없이 신분상으로는 성결하다고 결론 내리는 것이 정당한가? 우리는 그렇게 생각하지 않는다. '그리스도 안'이라는 말은 바울이 참된 그리스도인을 언급할 때 사용하는 중요한 표현이다. 그리스도 안에 있다는 것은, 그리스도와 밀접한 관계를 맺어 그가 가능하게 하신 구원에 참여하고 있음을 의미한다. 이런 의미를, 하나님께서 자기 스스로를 속여 신자의 마음이 죄로 가득하더라도 마치 성결한 것처럼 여겨 주시는데, 이는 하나님께서 성자의 거룩함을 통해 그들의 마음을 들여다보시기 때문이라는 것으로 오해해서는 안 된다.

여기서 우리가 성결에 대해 바르게 논의하기 위한 기초는, 성결이란 인격적 자질이므로 타인에게 전가할 수 있는 무엇이 아니라는 사실이다. 그리스도께서는 실제로 성결하셨고, 만약 그리스도인이 성결하다면 그는 신성한 성품에 실제로 참여하는 자가 되었기에 거룩한 것이다.[2] 성결은 물론 그리스도께서 신자의 마음에서 행하시는 사역이다. 하지만 그것은 실제적인 것이지, 단지 논리가 아니다. "아브라함이 하나님을 믿으매 그것을 그에게 의로 정하셨다"(갈 3:6)는 말씀은 믿음이 의를 대체해 버린다는 뜻이 아니다. 그 올바른 의미는, 하나님의 사역에 의해 사람의 마음이 의롭게 되는 조건이 믿음이라는 것이다.

성경에는 온전히 성화된 사람의 마음에 이루어지는 실제적 성결이 어떤 것인지 분명히 제시하는 말씀이 적지 않다. 성경은 모든 신자에게 바람직하고 의무적인 상태가 무엇인지 알려 준다. 예를 들어, 베드로전서 1장 15-16절은 "오직 너희를 부르신 거룩한 이처럼 너희도 모든 행실에 거룩한 자가 되라 기록되었으되 내가 거룩하니 너희도 거룩할지어다 하셨느니라"라고 말씀한다. 여기서 명령하는 성결은 이와 전혀 다른 종류의 성결, 곧 신분상의 성결이 아니다. 이 성결은 질적인 면에서 하나님의 성결을 그대로 닮는 것이다. "… 거룩한 이처럼 너희도 … 거룩한 자가 되라"라고 말씀하시기 때문이다.

요한1서 3장 3절과 7절은 "주를 향하여 이 소망을 가진 자마다 그의 깨끗하심과 같이 자기를 깨끗하게 하느니라 … 자녀들아 아무도 너희를 미혹하

2　성경에는 물론 사물이나 절기에 관한 의식적 거룩함이 언급되어 있으며, 이는 때때로 사람, 심지어 불신자에게도 적용된다(참고. 고전 7:14). 그러나 성경은 신분상의 거룩함과 마찬가지로 의식적 거룩함을 신자가 이루어야 할 최상의 거룩함으로 말씀하지 않는다. 의식적 거룩함에 대한 탁월한 설명은 Charles Ewing Brown, *The Meaning of Sanctification* (Anderson, IN: The Warner Press, 1945), 138-43을 보라.

지 못하게 하라 의를 행하는 자는 그의 의로우심과 같이 의롭고”라는 말씀으로 신자의 증언의 목소리를 덧붙인다. 이 구절은 그리스도의 깨끗하심과 다르지 않은 깨끗함을 우리에게 명령하며, 신자의 의는 전가된 것이 아닌 그리스도의 의와 정확히 일치하는 것이어야 한다고 말씀한다.

요한일서 4장 17절은 “이로써 사랑이 우리에게 온전히 이루어진 것은 우리로 심판 날에 담대함을 가지게 하려 함이니 주께서 그러하심과 같이 우리도 이 세상에서 그러하니라”라고 말씀한다. 이 구절도 “주께서 그러하심과 같이 우리도”라는 말로 질적 동질성을 동일하게 강조한다.

누가복음 1장 73-75절은 “곧 우리 조상 아브라함에게 하신 맹세라 우리가 원수의 손에서 건지심을 받고 종신토록 주의 앞에서 성결과 의로 두려움이 없이 섬기게 하리라 하셨도다”라고 말씀한다. 이 구절에서 성결과 의란 하나의 인격적 자질로서, 우리가 이 세상에 사는 모든 날 동안 그 자질을 통해 하나님을 바르게 섬길 수 있음을 가리킨다는 사실은 두말할 나위가 없다.

IV. 실제적 씻음으로서의 성결

이제 우리는 곧바로 신약성경이 가르치는 실제적 씻음, 즉 우리 마음이 모든 타고난 부패성에서 온전히 정결하게 된다는 것의 종합적인 의미를 살펴보고자 한다. 이를 위해 선별한 열 개의 성구를 성경의 순서에 따라 하나씩 간략히 고찰해 보자.

1. 먼저 마태복음 3장 11-12절은 다음과 같이 말씀한다. "나는 너희로 회개하게 하기 위하여 물로 세례를 베풀거니와 내 뒤에 오시는 이는 나보다 능력이 많으시니 나는 그의 신을 들기도 감당하지 못하겠노라 그는 성령과 불로 너희에게 세례를 베푸실 것이요 손에 키를 들고 자기의 타작 마당을 정하게 하사 알곡은 모아 곳간에 들이고 쭉정이는 꺼지지 않는 불에 태우시리라."

여기서 우리는 성령 세례가 회개를 위해 베푸는 물 세례를 뒤따르는 불 세례라는 사실을 보게 된다. 이 두 가지 세례는 동시에 발생할 수 없는 것으로, 만약 두 세례를 동시적인 것으로 만들려면 서로 화합할 수 없는 특징들을 억지로 뒤섞어 버릴 수밖에 없다. 그러나 여기서 깊이 숙고해야 할 중요한 점은, 그리스도의 세례의 목적은 그의 타작 마당을 철저히 정결하게 하는 것인데, 이는 성결한 인간 본성이라는 알곡은 모아 곳간에 들이고, 죄된 본성이라는 쭉정이는 성령의 꺼지지 않는 불로 멸망시켜 버리심을 통해 이루어진다. 나는 알곡과 쭉정이를 꼭 이 한 가지 방법으로만 해석해야 하는 것은 아님을 기꺼이 인정한다. 동시에 그것이 전체 문맥에서 가장 자연스러운 해석이라는 점을 온 마음을 다해 주장한다. 그렇더라도 성령 세례와 타작 마당을 깨끗하게 하는 것은 거의 동일한 역사로, 그 둘은 함께 이루어진다.

2. 마태복음 5장 8절은 "마음이 청결한 자는 복이 있나니 그들이 하나님을 볼 것임이요"라고 말씀한다. 우리 주님께서 과거에 존재한 적도 없고, 또 현재 이 세상에 결코 존재할 수 없는 부류의 사람들에게 이 축복의 말씀을 하셨다는 것이 가능한 일인가? 나는 그런 주장을 결코 받아들일 수 없다. 나머

지 모든 팔복의 말씀은 마음의 가난함, 온유함, 화평하게 함, 의에 주리고 목마름, 의를 위해 핍박받음 등 신자의 인격적 자질이나 모든 시대에 걸쳐 교회의 모범으로 예시된 삶의 모습과 틀림없이 관계되어 있다. 그렇다면 왜 유독 마음의 청결함만은 팔복의 나머지와 전혀 다른 부류의 말씀인 양 따로 구분한 후, 그 말씀에 해당되는 사람은 이 세상에 아무도 없다고 말하는가? 마음이 청결해 하나님을 보는 복을 누리는 사람들이 있다는 사실을 자각하는 것이 그보다 훨씬 더 참되고 자연스럽게 성경말씀을 이해하는 것이다.

3. 사도행전 15장 8-9절은 "또 마음을 아시는 하나님이 우리에게와 같이 그들에게도 성령을 주어 증언하시고 믿음으로 그들의 마음을 깨끗이 하사 그들이나 우리나 차별하지 아니하셨느니라"라고 말씀한다.

이 말씀에서 사도 베드로는 성령 세례와 하나님께서 믿음으로 신자의 마음을 깨끗하게 하시는 것을 직접적으로 동일시한다. 오순절이 15년이 지난 후 베드로에게 여전히 가장 중요한 것으로 남아 있는 오순절의 요소는 급하고 강한 바람 같은 소리나, 불의 혀같이 갈라지는 형상, 다른 나라의 언어로 말하는 은사가 아니었다. 그것은 참 신앙을 통해 "세상은 능히 받을 수 없는"(요 14:17) 성령의 충만함을 받아 신자의 마음이 깨끗하게 된 것이었다.

4. 로마서 6장 6-7절은 "우리가 알거니와 우리 옛 사람이 예수와 함께 십자가에 못 박힌 것은 죄의 몸이 멸하여 다시는 우리가 죄에게 종노릇하지 아니하려 함이니 이는 죽은 자가 죄에서 벗어나 의롭다 하심을 얻었음이니라"(개역한글 성경)라고 말씀한다.

성결 운동 외부에 있는 사람들은 대개 신자의 마음에 있는 죄에 대해 '근절'이라는 용어를 사용하는 것에 분개한다. 우리는 아무리 유용하더라도 성경에 나오지 않는 용어를 주장하고 싶은 마음은 없다. 따라서 기꺼이 성경적 용어를 사용할 것이다. 만약 우리의 믿음의 형제들이 근절이라는 단어를 받아들일 수 없다면, 하나님께서 옛 사람을 다루시는 방법으로 성경이 사용하는 용어인 '십자가에 못 박음'(crucifixion)이나 '멸함'(destruction)으로 대체하는 것은 어떤가? 성경 시대에 십자가에 못 박는 것은 사형 방법으로 널리 사용되었다. 그리고 그 결과는 언제나 죽음이었다. 하나님의 넓은 세상에서 십자가에 못 박는다는 용어가, 마음속에 활동적인 세력으로 여전히 살아 있는 무엇인가를 억누르거나 대항한다는 의미로 사용된 적은 없다.

마찬가지로, '멸함'이라는 용어의 분명한 의미는, 만약 '전멸'(annihilation)의 뜻이 아니라면, 적어도 죄의 몸이 '제거'된다는 것이다. 로마서 6장 전체의 말씀의 취지는, 그리스도께서 십자가에서 우리를 '위해' 행하신 일은, 성령에 의해 우리 '안에서' 이루어질 수 있고 또 이루어져야 한다는 것이다.

5. 로마서 8장 2절은 "이는 그리스도 예수 안에 있는 생명의 성령의 법이 죄와 사망의 법에서 너를 해방하였음이라"라고 말씀한다. 이 말씀은 신자가 이 세상에서 죄 된 본성에서 실제로 구원받을 수 있다는 사실을 부인하는 사람들이 대표적으로 내세우는 로마서 7장의 내용과 놀랍게 대조를 이룬다. "나는 육신에 속하여 죄 아래에 팔렸도다 … 선을 행하기 원하는 나에게 악이 함께 있도다 … 이를 행하는 자는 내가 아니요 내 속에 거하는 죄니라

… 오호라 나는 곤고한 사람이로다 이 사망의 몸에서 누가 나를 건져내랴”(롬 7:14, 21, 20, 24). 그들이 얼마나 비참한 어조로 말하는 것을 좋아하는지!

그들이 보기에는 이것이 바울이 신앙생활에서 경험한 것의 표준이다. 또 우리가 은혜 안에서 도달할 수 있는 최상의 상태를 설명한 것이며, 유한한 인간에게 죄가 내재되어 있기에 누구도 죄를 피할 수 없다는 사실을 보여주는 것이다.

그러나 바울이 이것을 은혜 안에서 가능한 최고 수위라고 말하고 있는가? 또 이것이 그리스도 안에서의 어린아이를 포함해 그리스도인의 일반적인 경험이라고 묘사하고 있는가? 이 질문에 대한 우리의 대답은 “결코 그렇지 않다!”는 것이다. 우리는 하나님의 자녀가 자신의 실패에 대해 깊이 뉘우치는 고백을 들어 본 적은 있지만, 거듭난 신자가 일어나 “아! 내가 얼마나 비참한 사람입니까!”라고 고백하는 것은 한 번도 들어 본 적이 없다.

여기서 바울은 자신의 죄를 깨달아 각성한 죄인으로서 자신의 힘으로 하나님의 율법을 지키기 위해 분투했던 옛 삶과, 주 예수 그리스도의 거듭나게 하시고 성결하게 하시는 은혜 안에서 발견한 구원을 생생하게 대조하고 있다. 옛 사람으로 살아갈 때 그는 새롭게 각성된 자신의 양심이 바라는 이상적인 삶을 거스르는 또 하나의 법이 자기 마음에 있음을 발견했다. 스스로 고백한 것처럼, 바울은 그때 자기 속에 거하는 “죄의 법”(롬 7:23), 자신을 비참하게 만드는 “사망의 몸”(롬 7:24)의 종이었다.

그 후 바울은 같은 용어를 사용해 그리스도의 성령에 의해 자신 속에 이루어진 구원을 설명한다. “그리스도 예수 안에 있는 생명의 성령의 법이 죄와 사망의 법에서 너를 해방하였음이라"(롬 8:2). 여기서 사도 바울은 말로 할 수 있는 가장 분명한 표현을 통해 자신이 매우 오랫동안 노력해 왔으나 이루지 못한, 죄 된 본성과 사망의 몸에서의 자유를 주장한다. 그가 "우리 주 예수 그리스도로 말미암아 하나님께 감사하리로다"(롬 7:25)라고 외치는 것은 당연하다.

6. 고린도후서 7장 1절은 "그런즉 사랑하는 자들아 이 약속을 가진 우리는 하나님을 두려워하는 가운데서 거룩함을 온전히 이루어 육과 영의 온갖 더러운 것에서 자신을 깨끗하게 하자"라고 말씀한다.

여기 하나님의 자녀가 되어 "보배롭고 지극히 큰 약속"(벧후 1:4)을 받은 사람에게 주어지는 온전한 씻음이 있다. 몰지각한 사람들이 바울이 인간의 노력으로 성화를 이루어야 함을 주장했다며 비난하지 못하게 하기 위해, 여기서 우리가 자신을 깨끗하게 하는 방식은 베드로가 우리에게 이 패역한 세대에서 우리 자신을 구원해야 한다(행 2:40)고 말한 것과 동일한 방식임을 말하고자 한다. 두 경우 모두 우리는 우리를 구원하시고 또 깨끗하게 하시는 그리스도의 피의 공로와의 바른 관계로 나아감으로 우리 자신을 깨끗하게 한다. 이 말씀의 요점은, 하나님을 두려워하는 가운데 거룩함을 온전히 이루기 위한 토대로서 육과 영의 온갖 더러운 것에서 자신을 온전히 깨끗하게 하는 것이 단지 필요할 뿐 아니라 가능하다는 것이다.

7. 에베소서 4장 20-24절은 다음과 같이 말씀한다. "오직 너희는 그리스도를 그같이 배우지 아니하였느니라 진리가 예수 안에 있는 것 같이 너희가

참으로 그에게서 듣고 또한 그 안에서 가르침을 받았을진대 너희는 유혹의 욕심을 따라 썩어져 가는 구습을 따르는 옛 사람을 벗어 버리고 오직 너희의 심령이 새롭게 되어 하나님을 따라 의와 진리의 거룩함으로 지으심을 받은 새 사람을 입으라."

이 구절은 참된 성결이 부정적인 면과 긍정적인 면 모두를 가진 것으로 묘사한다. 바울은 그리스도의 학교의 제자들과 학생들에게 옛 사람을 벗어 버리고, 그 내면이 새롭게 되어 의와 참된 성결 속에서 새 사람을 입으라고 명령한다. 새 사람이 오기 전에 옛 사람은 사라져야 한다. 부정적인 것의 씻음이 긍정적인 것의 채움보다 먼저 있어야 한다. 나는 여기서 부정적인 것에 대한 어떤 용인이나 저지, 억압도 발견할 수 없다. 말씀은 분명하다. "옛 사람을 벗어 버리고."[3]

8. 에베소서 5장 25-27절은 다음과 같이 말씀한다. "남편들아 아내 사랑하기를 그리스도께서 교회를 사랑하시고 그 교회를 위하여 자신을 주심같이 하라 이는 곧 물로 씻어 말씀으로 깨끗하게 하사 거룩하게 하시고 자기 앞에 영광스러운 교회로 세우사 티나 주름 잡힌 것이나 이런 것들이 없이 거룩하고 흠이 없게 하려 하심이라."

---

3   이 구절과 짝을 이루는 골로새서 3장 5-10절은 다음과 같이 말씀한다. "그러므로 땅에 있는 지체를 죽이라 곧 음란과 부정과 사욕과 악한 정욕과 탐심이니 탐심은 우상숭배니라 이것들로 말미암아 하나님의 진노가 임하느니라 너희도 전에 그 가운데 살 때에는 그 가운데서 행하였으나 이제는 너희가 이 모든 것을 벗어 버리라 곧 분함과 노여움과 악의와 비방과 너희 입의 부끄러운 말이라 너희가 서로 거짓말을 하지 말라 옛 사람과 그 행위를 벗어 버리고 새 사람을 입었으니 이는 자기를 창조하신 이의 형상을 따라 지식에까지 새롭게 하심을 입은 자니라."

이것이 그리스도께서 그의 교회를 위해 가지신 구원의 목적이다. 세상과 관련해 하나님의 사랑은 믿는 자들을 멸망에서 구하시려 그 아들을 주셨다. 교회와 관련해 하나님의 사랑은 교회를 성화시키고 깨끗하게 하시려 그 아들을 주셨고, 이로써 교회는 거룩하고 흠이 없게 될 것이다. 여기에 성화와 씻음에 관한 하나의 공식이 있다. 즉, 교회는 먼저 성화되고 깨끗하게 되지 않는다면, 티나 주름 잡힌 것 없이 될 수가 없다는 것이다.

9. 디도서 2장 14절은 "그가 우리를 대신하여 자신을 주심은 모든 불법에서 우리를 속량하시고 우리를 깨끗하게 하사 선한 일을 열심히 하는 자기 백성이 되게 하려 하심이라"라고 말씀한다. 이 구절은 그리스도의 속죄의 목적이 '깨끗하게 하사 자기 백성이 되게 하심'이라고 말씀한다. 이 정결함은 실제적이고 경험적인 것으로, 선한 일에 열심을 가져온다. 많은 성경구절이 말씀하듯, 내적인 경험은 외적인 결과를 낳고, 그 외적 결과는 내적 경험이 진실함을 입증한다.

10. 요한1서 1장 7-8절은 다음과 같이 말씀한다. "그가 빛 가운데 계신 것같이 우리도 빛 기운데 행하면 우리가 서로 사귐이 있고 그 아들 예수의 피가 우리를 모든 죄에서 깨끗하게 하실 것이요 만일 우리가 죄가 없다고 말하면 스스로 속이고 또 진리가 우리 속에 있지 아니할 것이요."

요한1서 1장 8절은 내적인 죄에서의 자유에 대한 웨슬리안의 주장을 반박하려는 목적으로 아마도 로마서 7장 다음으로 자주 인용되는 구절이다. 루이스 스페리 채퍼는 스스로 '근절론의 오류'라고 이름 붙인 주장을 다음과 같이 논박한다.

신약성경은 특별히 근절론의 오류에 관해 경고한다. 요한1서 1장 8절은 "만일 우리가 죄가 없다고 말하면 스스로 속이고 또 진리가 우리 속에 있지 아니할 것이요"라고 말씀한다. 이 구절이 말씀하는 것이 죄 된 본성이라면, 10절이 말씀하는 것은 악한 본성의 열매로서의 자범죄다. 누군가가 자신에게는 죄 된 본성이 없다는 억측을 주장한다면, 그것은 자기기만에서 비롯된 것일 수 있다. 그러나 성경은 그런 사람들에 관해 분명히 선언한다. "그 속에는 진리가 없다."[4]

만약 이 말이 옳다면 우리는 이 구절이 마음이 정결하게 되었음을 증언하는 사람들의 속임수에 최종적 유죄 선고를 내린 것으로 여기는 것이 마땅할 것이다. 하지만 우리의 형제들이 근절론을 논박할 때 그 앞의 7절을 제대로 읽지 않은 것은 매우 애석한 일이다. 만약 그 구절을 제대로 읽었다면, 요한이 예수님의 피가 우리를 모든 죄에서 깨끗하게 하시도록 하기 위해서는 하나님께서 빛이신 것같이 우리도 빛 가운데서 행할 필요가 있음을 말했다는 사실을 발견했을 것이다. 만약 누군가가 자신은 씻음 받을 수 있고 또 씻음 받을 필요가 있는 죄가 아무것도 없다고 주장한다면, 진리가 그 안에 있지 않은 것이고, 그는 스스로를 속이는 것이다. 성경해석에서 발생하는 많은 오류가 기차표에 찍힌 '분리 시 사용 불가'라는 경고 문구를 성경의 문맥에 적용하면 피할 수 있는 것들이다. 모든 구절에서와 같이 이 구절에도 "문맥을 무시한 본문은 단지 그럴듯한 구실로 악용될 뿐이다!"라는 말이 해당된다.

---

4 Chafer, *Systematic Theology*, VI, 288.

성경이 증언하는 내용은 바로 이것이다. 성경은 신자의 본성을 전혀 다루지 않고 내버려 두는 전가된 성결 주장에 반대해, 신자의 마음이 실제로 깨끗하게 된다는 사실을 정확히 말씀한다. 만약 하나님께서 그 자녀들의 마음을 깨끗하게 하지 않으신다면, 논리적 필연성으로 다음의 두 가지 이유 중 하나일 수밖에 없다. 첫째, 하나님이 그렇게 할 '능력'이 없으시든지, 둘째, 그것이 아니라면, 하나님은 그렇게 하실 능력은 있지만, 그렇게 할 '의향'이 없으시기 때문이다. 실제적 정결을 반대하는 사람들이 직면할 수밖에 없는 이 상황은 얼마나 기묘한 딜레마인가! 만약 하나님께서 그 백성을 실제로 성결하게 만들기 원하시지만 그렇게 할 능력이 없다면, 하나님은 전능하지 않으신 것이 된다. 반대로 마귀는 인간의 본성에 하나님도 제거할 수 없는 것을 주입하는 데 성공한 것이 된다. 만약 하나님께서 사람의 마음을 깨끗하게 하실 수 있음에도 그렇게 하기를 원하지 않으신다면, 하나님은 우리가 생각하는 것처럼 모든 죄에 전적으로 반대하실 만큼 성결하지는 않으신 것이 된다.

그렇게 당혹스러운 주장들을 붙들고 놓지 않으려는 이유가 무엇인가? 우리는 마땅히 성경과 많은 증인이 증언해 온 성결의 진리의 편에 확고히 서서, 하나님께서는 "믿음으로 말미암아 성령의 약속을 받게"(갈 3:14) 될 전적으로 구별된 자신의 자녀 모두를 성결하게 하실 '능력'이 있을 뿐 아니라, 성결하게 하기를 '원하신다'는 영광스러운 진리를 널리 선포해야 하지 않겠는가!

2장 점진적 성화와 순간적 성결

성결에 관해 이제부터 살펴볼 두 번째 주제는 성화의 시간적 요소에 관한 것이다. 다시 말해, 성결 체험은 영적 성장과 자기 훈련에서 비롯되는 결과인가, 그렇지 않으면 순간적으로 완성되는 하나님의 은혜의 활동인가?

1장에서 살펴본 신분상의 성결, 또는 '그리스도 안에서의 성결' 개념은 일반적으로 그와 밀접하게 연결된 두 가지 주장을 통해 더 강화된다. 곧 경험적 성화는 점진적이며 점차적으로 이루어진다는 것과, 그 완성은 오직 죽을 때 또는 죽음 후 영광스러운 성도들의 모임에서 이루어진다는 것이다.

이 두 주장은 1장에서 언급한 스코필드 주석성경의 인용문에 명백히 표현되어 있을 뿐 아니라, 루이스 스페리 채퍼의 『조직신학』에서 인용한 다음의 더 긴 글에서도 다루어지고 있다. 채퍼는 자신이 '신분상의 성화'로 부른 내용을 설명한 후 다음과 같이 말한다.

둘째는 경험적 성화에 관한 것이다. 하나님께서 신자를 위해 행하시는 성화의 사역 중 이 두 번째 측면은 그 양상이 '점진적'이라는 점에서, '단 한 번'으로 완성되는 '신분상'의 성화와 매우 대조적이다. 이 성화는 하나님의 능력에 의해 성령과 말씀을 통해 이루어진다. "그들을 진리로 거룩하게 하옵소서 아버지의 말씀은 진리니이다"(요 17:17; 또 고후 3:18; 엡 5:25-26; 살전 5:23; 벧후 3:18도 보라). 경험적 성화는 신자가 연관된 다양한 관계 속에서 발전한다.

(1) 그것은 신자가 하나님께 굴복하는 것과 관계가 있다. 하나님의 자녀는 자신의 몸을 산 제물로 하나님께 드려 그분의 것으로 구별됨으로써 경험적으로 성화된다. 하나님께 드린다는 것은 절대적이어서 더는 진전이 없거나, 부분적이어서 더 진전을 이루어야 할 수도 있다. 둘 중 어떤 경우라도 경험적 성화의 역사에 해당한다.

(2) 경험적 성화는 죄와도 관계가 있다. 하나님의 자녀는 참된 영성을 위한 모든 조건을 잘 준수해 하나님께서 공급하시는, 죄의 세력에서의 모든 구원과 승리를 경험할 수도 있고, 죄의 세력에서 부분적인 구원만을 경험할 수도 있다. 어떤 경우든 그는 구별되었고 경험적으로 성화되었다.

(3) 경험적 성화는 그리스도인의 영적 성장과도 관계가 있다. 경험적 성화 중 이 측면은 모든 경우에 점진적이다. 따라서 그것을 하나님께 대한 불완전한 굴복 또는 죄에 대한 불완전한 승리와 혼동해서는 안 된다. 그리스도인이 영적으로 성장해야 한다는 것은 진리에 대한 지식과 헌신, 그리스도인의 경험이 자연히 발전하게 되어 있다는 의미다. 경험적으로 신자는 그리스도인으로서의 현재 상태가 어떠한지와 일치하는 정도만큼 하나님께 구별되어 있다. 따라서 그리스도인은 자연히 점진적이고 경험적인 성화의 과정을 거치게 되어 있다. … 성경은 하나님의 자녀 중 누구도 모든 것이 최종적으로 완성되기 전까지는 매일의 삶에서 경험적으로 전적으로 성화되었다고 가르치지 않는다.[1]

이 인용구에는 은혜 안에서의 성장에 관한 내용이 많은데, 이에 대해서는 우리가 서로 다툴 이유가 없다. 우리의 질문은 이 성장을 '성화'라고 불러도 좋은지와 이 땅에서는 경험적 성화가 온전할 수 없다는 주장에 대한 것

---

1   Chafer, *Systematic Theology*, VI, 284-85.

이다. 다른 저자들도 유사한 맥락에서, 죄 된 본성은 은혜의 방편을 주의 깊게 사용함을 통해 점진적으로 통제되고 날마다 억제받으며, 그로 인해 신자는 자신의 삶에서 점점 더 죄에 대해 승리하게 되고, 그 마음에서 일어나는 죄의 충동을 점점 더 다스릴 수 있게 된다는 의미에서 성화가 점진적으로 이루어진다는 견해를 피력한다.

이 주장은 우리에게 정면으로 문제를 제기하는 것이다. 성결 운동 진영의 사람들이 이해하는 완전 성화의 교리는, 성화에서 얼마나 진전을 이루었는가 하는 정도의 차이를 말하는 것이 아니다. 칭의와 중생이 그 자체로 완전하고 완결된 사역인 것과 마찬가지로, 완전 성화도 그 자체로 완전하고 완결된 은혜의 사역이다. 그렇다 해서 이것이 완전 성화 전후로 은혜 안에서의 성장이 전혀 없음을 의미하지는 않는다. 그보다는 성결은 하나님의 활동으로서 순간적으로 이루어지지, 점진적 성장이나 자기 훈련, 죄 된 본성의 점진적 억제로 이루어지지는 않는다는 의미다.

I. 성장에 의한 성화

'주님은 무엇이라고 말씀하시는가'라고 묻기 전에 잠시 성장 이론이 어떤 것인지 살펴보자.

첫째, 이 이론에서는 인간의 행위와 노력으로 그리스도의 피의 효력을 부인하는 왜곡된 성화 사상 그 이상을 발견하기 어렵다. 성령의 도우심에 대해 경건한 용어를 사용하면서도, 성령의 더 깊은 역사의 가능성을 부인한다. 성령의 사역을 말로 훌륭하게 포장하면서 동시에 그분의 성화시키시는 주권은 철저히 부인하는 것이다.

둘째, 하나님의 은혜와 그리스도의 십자가가 성취할 수 없는 일을 죽음이 온전히 성취할 것으로 기대한다. 이 모든 생각에 도사리고 있는 것은, 우리 몸이 죄가 자리 잡고 있는 곳이자 죄의 원천이라는 고대 영지주의 이단의 망령이다. 그것이 아니라면, 구원받은 영혼은 지금 여기서 죄에서 자유롭게 될 수 있다는 진리에 끊임없이 의혹을 제기할 다른 마땅한 이유가 없다.

더 중요한 사실은, 성경은 어디서도 성장이나 죽음이 영혼이 성결하게 되는 일에 조금이라도 관계가 있음을 암시하지 않는다는 것이다. 오히려 성경이 성결과 관계있는 것으로 암시하는 요소는 하나님의 말씀과 그리스도의 피, 성령의 역사, 그리고 신앙이다. 성장은 은혜 안에 머무는 일과 관계가 있지, 은혜 안으로 받아들여지는 일과는 전혀 관계가 없다. 성장은 언제나 '양적 증가'와 관련되지, '질적 변화'와는 관계가 없다. 더 나아가, 육체의 죽음이 인간의 영혼의 도덕적 자질에 어떤 변화를 일으킨다고 가정하는 것은 성경의 분명한 언급과도 반대된다. "나무가 … 쓰러지면 그 쓰러진 곳에 그냥 있으리라"(전 11:3).

II. 순간적 경험으로서의 성결

우리가 성경의 증언을 살펴보면, 완전 성화는 사실상 순간적이지 점진적인 것이 아니며, 위기의 경험이지 끝없는 과정이 아니라는 세 가지 증거를 발견할 수 있다. 첫째, 칭의 및 신생과의 유사점이 있다. 둘째, 관례적으로 특정한 시간에 완결된 행위를 말하는 용어로서 성결을 묘사하는 언어적 증거가 있다. 셋째, 성경에서 발견되는 실제 사례를 통한 논리적 증거가 있다. 그 각각을 짧게 살펴보자.

1. 신생과의 유사점

먼저 칭의 또는 신생, 그리고 성화나 성결 사이에서 발견되는 유사점을 살펴보자. 이 두 가지 하나님의 은총의 사역에는 대단한 유사성이 있다.

칭의와 성결은 모두 하나님의 사랑의 산물이다. 요한복음 3장 16절이 "하나님이 세상을 이처럼 사랑하사 독생자를 주셨으니 이는 그를 믿는 자마다 멸망하지 않고 영생을 얻게 하려 하심이라"라고 말씀하는 것같이, 에베소서 5장 25-27절은 "남편들아 아내 사랑하기를 그리스도께서 교회를 사랑하시고 그 교회를 위하여 자신을 주심같이 하라 이는 곧 물로 씻어 말씀으로 깨끗하게 하사 거룩하게 하시고 … 거룩하고 흠이 없게 하려 하심이라"라고 말씀한다.

칭의와 성결은 모두 하나님의 선하시고 기뻐하시고 온전하신 뜻의 표현이다. 디모데전서 2장 3-4절이 "이것이 우리 구주 하나님 앞에 선하고 받으실 만한 것이니 하나님은 모든 사람이 구원을 받으며 진리를 아는 데에 이르기를 원하시느니라"라고 말씀하는 것같이, 히브리서 10장 10절은 "이 뜻[즉 그리스도의 대속의 죽음을 통해 성취된 하나님의 뜻]을 따라 예수 그리스도의 몸을 단번에 드리심으로 말미암아 우리가 거룩함을 얻었노라"라고 말씀한다.

칭의와 성결은 모두 하나님의 말씀의 기이한 빛을 통해 이루어진다. 베드로전서 1장 23절이 "너희가 거듭난 것은 썩어질 씨로 된 것이 아니요 썩지 아니할 씨로 된 것이니 살아 있고 항상 있는 하나님의 말씀으로 되었느니라"라고 말씀하는 것같이, 요한복음 17장 17절은 "그들을 진리로 거룩하게 하옵소서 아버지의 말씀은 진리니이다"라고 말씀한다.

칭의와 성결은 모두 성령의 효력 있는 작용에 의해 사람의 마음에서 이루어진다. 디도서 3장 5절이 "우리를 구원하시되 우리가 행한 바 의로운 행위로 말미암지 아니하고 오직 그의 긍휼하심을 따라 중생의 씻음과 성령의 새롭게 하심으로 하셨나니"라고 말씀하는 것같이, 데살로니가후서 2장 13절은 "주께서 사랑하시는 형제들아 우리가 항상 너희에 관하여 마땅히 하나님께 감사할 것은 하나님이 처음부터 너희를 택하사 성령의 거룩하게 하심과 진리를 믿음으로 구원을 받게 하심이니"라고 말씀한다.

칭의와 성결은 모두 그리스도께서 갈보리 언덕의 십자가에서 흘리신 피를 값으로 치르신 것이다. 로마서 5장 9절이 "그러면 이제 우리가 그의 피로 말미암아 의롭다 하심을 받았으니 더욱 그로 말미암아 진노하심에서 구원을 받을 것이니"라고 말씀하는 것같이, 히브리서 13장 12절은 "그러므로 예수도 자기 피로써 백성을 거룩하게 하려고 성문 밖에서 고난을 받으셨느니라"라고 말씀한다.

칭의와 성결은 모두 신앙의 결과로 신자의 마음에서 이루어진다. 로마서 5장 1절이 "그러므로 우리가 믿음으로 의롭다 하심을 받았으니 우리 주 예수 그리스도로 말미암아 하나님과 화평을 누리자"라고 말씀하는 것처럼,

사도행전 26장 18절은 "그 눈을 뜨게 하여 어둠에서 빛으로, 사탄의 권세에서 하나님께로 돌아오게 하고 죄 사함과 나를 믿어 거룩하게 된 무리 가운데서 기업을 얻게 하리라 하더이다"라고 말씀한다.

사실상 성경을 믿는 모든 그리스도인은 칭의와 신생이 점진적이지 않고 순간적임을 안다. 그것은 신자의 삶에서 특정한 시간에 발생하는 하나님의 활동이다. 그러나 만약 칭의와 성결이 동일한 하나님의 사랑, 동일한 하나님의 뜻, 동일한 성경말씀, 동일한 성령의 축복, 동일한 구속의 피, 동일한 인간의 조건인 신앙의 산물이라면, 칭의는 순간적이지만 성결은 점진적이라고 추측할 어떤 타당한 이유가 있는가? 만약 칭의가 순간적이라면, 동일한 성령의 작용으로 이루어지는 성결 역시 순간적이어서는 안 될 이유가 전혀 없다.

사실 중생이 순간적으로 이루어짐을 입증하는 모든 논거는 성결에서도 효과적으로 적용 가능하다. 만약 성결의 즉각성을 입증하는 모든 증거를 부인하려 한다면, 칭의의 즉각성을 입증하는 토대가 되는 논리적 근거 역시 함께 무너지고 만다.

2. 언어적 증거

이제 우리는 그리스도인의 마음에서 이루어지는 이 두 번째 역사를 묘사하는 용어들을 잠시 살펴볼 것이다. 이 용어들은 어떤 예외도 없이 근본적 사건이 특정 시간에 발생하는 것을 의미한다.

'성화시키다'(sanctify)라는 동사는 '구별하다'(set apart)와 '거룩하게 하다'(make holy)라는 이중적 의미로 정의할 수 있다. 점진적 분리와 점진적으로 거룩하게 되는 일이 가능하다는 것은 사실이다. 그러나 거기에 묘사된 동작은 순간적이고 즉각적인 것으로 생각하는 것이 훨씬 자연스럽다. 신약성경이 사용하는 '성화시키다'라는 용어는 엄격히 말하면 언제나 하나님의 활동을 말하는 것이므로, 성화가 점진적이라는 주장을 입증해야 할 책임은 그것을 주장한 사람들의 몫이다.

다음으로, 성결의 체험은 세례로 묘사된다. "요한은 물로 세례를 베풀었으나 너희는 몇 날이 못 되어 성령으로 세례를 받으리라"(행 1:5).[2] 세례라는 용어는 언제나 특정한 시점에 이루어지는 행위를 지칭하는 것이지, 결코 오랜 기간에 걸쳐 이루어지되 죽을 때까지 완성되지는 않는 행위를 가리키지 않는다. 물 세례든 성령 세례든 세례를 점진적으로 받는다는 생각은 매우 터무니없는 것이다.

성결은 십자가에 못 박히는 것이나 죽음으로도 묘사된다. "우리가 알거니와 우리의 옛 사람이 예수와 함께 십자가에 못 박힌 것은 죄의 몸이 죽어 다시는 우리가 죄에게 종노릇하지 아니하려 함이니"(롬 6:6). "내가 그리스도와 함께 십자가에 못 박혔나니 그런즉 이제는 내가 사는 것이 아니요 오직 내 안에 그리스도께서 사시는 것이라 이제 내가 육체 가운데 사는 것은 나를 사랑하사 나를 위하여 자기 자신을 버리신 하나님의 아들을 믿는 믿음 안에서 사는 것이라"(갈 2:20). "그러므로 땅에 있는 지체를 죽이라 곧 음란과 부정과 사욕과 악한 정욕과 탐심이니 탐심은 우상숭배니라"(골 3:5).

―――――

2 성령 세례와 완전 성화가 동일한 은혜라는 사실에 대해서는 이 책 4장을 보라.

물론 사람은 오랜 시간에 걸쳐 점진적으로 죽어 간다고 말할 수 있다. 그러나 죽음 그 자체는 한순간에 이루어진다. 생명은 일정한 기간을 거쳐 쇠약해진다. 그러나 생명이 몸을 떠나는 것은 특정한 한순간에 이루어진다. 점진적인 죽음이라는 것은 죽을 병에 걸린 것을 비유적으로 표현하는 것에 불과하다. 죽음 그 자체는 언제나 순간적이다.

성결은 씻음과 정화를 포함한다. 1장에서 인용한 성경구절들은 '씻다', '깨끗하게 하다'라는 동사들로 가득하다. 씻음과 정화는 계속적으로 이루어지는 과정일 수 있다. 그러나 이 용어들의 자연스러운 의미는 언제나 씻음과 정화가 시작되는 첫 순간이 있음을 암시한다. 그것을 점진적인 것으로 만들려는 것은, 본래의 의미에 그 용어가 확실하게 의미하고 있지 않은 무엇인가를 끼워 넣는 것이다.

성결의 체험은 우리가 '받아야' 할 '선물'로 묘사된다. '성령의 선물'이라는 종종 신약성경 전체에서 자주 '아버지의 약속하신 것'으로 언급되어 있다. 예수님은 누가복음 11장 13절에서 "너희가 악할지라도 좋은 것을 자식에게 줄 줄 알거든 하물며 너희 하늘 아버지께서 구하는 자에게 성령을 주시지 않겠느냐 하시니라"라고 말씀하셨다. 갈라디아서 3장 14절은 "이는 … 우리로 하여금 믿음으로 말미암아 성령의 약속을 받게 하려 함이라"라고 말씀한다. 선물이 어떤 특정 순간에 그것을 받을 사람의 손에 전해진다는 사실은 명백하지 않은가? 선물을 점진적으로 전달한다는 것은 단지 용어만 혼란시킬 뿐이다.

성결은 다양하게 묘사되어 있기 때문에 우리는 더 상세히 많은 것을 말할 수도 있다. 성결은 옛 사람을 벗어 버리고 새 사람을 입는 것이다(엡 4:20-24). 또 죄의 몸을 멸하는 것이고(롬 6:6), 성령으로 충만하게 되는 것이며(엡 5:18), 약속의 성령으로 인치심을 받는 것이다(엡 1:13).

하지만 성결에 대한 이러한 묘사들을 '구별되는 것', '거룩하게 되는 것', '세례 받는 것', '십자가에 못 박는 것', '죽이는 것', '주시는 것', '받는 것', '벗어 버리는 것', '입는 것', '멸하는 것', '충만하게 되는 것', '인침 받는 것' 등으로 요약하고 보면, 이 용어는 모두 특정 시간과 장소에서 가장 자연스럽게 일어나는 동작으로, 점진적 과정으로는 이해할 수 없는 동작을 지칭하는 동사들이다. 이 모두는 성결이 순간적인 경험이지, 오랜 시간이 걸리고 결코 완성될 수 없는 성장 과정이 아님을 증거한다.

3. 성경적 사례를 통한 논리적 증거

완전 성화가 순간적으로 이루어진다는 진리에 대한 최종적 증거는 이 은혜의 성경적 사례들이다.

이사야 6장에 기록된 이사야의 경험은 신자의 완전 성화 경험의 한 종류라고 할 수 있다. 이사야 1장이 알려 주는 것처럼, 이사야는 웃시야 왕이 통치하던 시기에 활동했던 하나님의 선지자다. 그러나 하나님의 선지자가 특별한 씻음을 경험한 것은 웃시야 왕이 죽던 해였다.

성전에서 예배를 드리던 가운데 이사야는 하나님께서 높은 보좌에 계신 것을 보고, 스랍들이 "거룩하다 거룩하다 만군의 여호와여"라고 부르는 찬양 소리를 들었다. 하나님의 거룩하심에 대한 이 찬양은 선지자로 하여금 그 마음속에서 다른 어떤 반응도 할 수 없게 만들었다. 지금까지 이스라엘 백성들에게 화가 닥칠 것을 선포했던 이사야는, 이제 자기 자신을 향해 "화로다 나여 망하게 되었도다 나는 입술이 부정한 사람이요 나는 입술이 부정한 백성 중에 거주하면서 만군의 여호와이신 왕을 뵈었음이로다"라며 울부짖는다.

그러나 하나님께서는 즉시 그에게 응답하셨다. 한 천사가 부젓가락으로 제단에서 집은 핀 숯을 가지고 이사야에게 날아가 그의 입술에 대면서 "보라 이것이 네 입에 닿았으니 네 악이 제하여졌고 네 죄가 사하여졌느니라"라고 말한다. 이 모든 일은 이 일을 기록하는 데 필요한 시간보다 더 짧은 시간 안에 이루어졌다. 이사야의 부정한 상태가 제거되고 그의 죄가 정결하게 된 것은 은혜 안에서의 성장이나 영적 성숙 과정을 통해 이루어진 결과가 아니었다. 그것은 특정 시간에 하나님의 역사로 이루어졌다.

신약성경에서는 성령 세례와 완전 성화가 순간적으로 이루어지는 모든 실제 사례를 사도행전에서 볼 수 있다.[3] 그 사례는 모두 네 가지다.

첫 사례는 예수님의 제자들이다. 예수님의 제자들은 그 이름이 하늘에 이미 기록된 사람들이었다(눅 10:20). 그들은 이 세상이 아닌 그리스도께 속해 있었으며(요 14:16-17, 17:6, 11, 14), 예수님은 그들을 잃어버리지 않으셨고(요 17:12), 그들은 하나님의 말씀을 지켰다(요 17:6). 이렇게 분명히 칭의의 은혜를 받았던 이 제자들이 "다 같이 한 곳에 모였는데 … 홀연히 하늘로부터 급하고 강한 바람 같은 소리가 들렸고 … 그들이 다 성령의 충만함을 받

---

3 이 책 4장을 보라.

았다"(행 2:1-2, 4). 이 말씀에는 어떤 점진적 성장의 요소도 들어 있지 않다. 이 사건은 하늘에서 갑자기 번개가 치는 것같이 전혀 기대하지 않았던 일이 갑자기 일어난 것이었다.

두 번째 사례는 사마리아에서 새롭게 시작된 교회에 관한 기록에서 볼 수 있다. 스데반이 순교한 후 빌립은 위험을 무릅쓰고 사마리아 지역으로 갔다. 그의 설교는 즉각적인 반응을 일으켰다. 많은 사람이 믿고 세례를 받았다. 사도행전 8장 8절은 "그 성에 큰 기쁨이 있더라"라고 말씀한다.

예루살렘의 사도들은 빌립의 말씀 사역이 성공적이었고 큰 부흥이 이루어졌음을 듣고 베드로와 요한을 사마리아로 보냈다. 그들은 사마리아에 도착한 후 이 새롭게 회심한 사람들이 "성령 받기를 기도"했는데, 이 일에 관해 "이는 아직 한 사람에게도 성령 내리신 일이 없고 오직 주 예수의 이름으로 세례만 받을 뿐이더라 이에 두 사도가 그들에게 안수하매 성령을 받는지라"(행 8:15-17)라고 기록되어 있다.

사람들은 종종 예수님의 제자들은 성령이 임하시기 전과 후라는 두 시대를 살았기 때문에, 그들의 경험이 모든 신자의 경험을 바르게 대변할 수 없다며 그들의 사례를 신자의 경험의 전형으로 삼기를 거부하는 경향이 있다. 따라서 오순절은 사실상 그들의 중생의 완성이고, 오순절 이후 모든 신자는 누구나 예수 그리스도를 자신의 구원자로 처음 영접하는 순간에 성령 세례를 받는다고 주장한다. 사마리아 교회의 사례는 이런 주장이 얼마나 잘못된 것인지를 분명히 보여준다.

사마리아 사람들은 오순절 이후 성령이 이미 강림하신 새로운 시대에 믿고 세례를 받았으며, 그 이후 어느 특정 순간에 성령으로 충만하게 되었기 때문이다.

셋째 사례는 경건한 로마 백부장 고넬료와 그의 집안 사람들에 관한 것이다. 하나님의 영감을 받은 성경의 기록자는 고넬료에 대해 분명하게 묘사한다. 그는 경건한 사람으로 온 집안과 더불어 하나님을 경외했다(행 10:2). 또 그는 항상 기도했고, 그의 기도는 하나님 앞에 상달되어 기억하신 바가 되었다(행 10:2, 4). 베드로는 고넬료의 집에 도착한 후 즉시 영적 통찰력으로 "내가 참으로 하나님은 사람의 외모를 보지 아니하시고 각 나라 중 하나님을 경외하며 의를 행하는 사람은 다 받으시는 줄 깨달았도다 만유의 주 되신 예수 그리스도로 말미암아 화평의 복음을 전하사 이스라엘 자손들에게 보내신 말씀 곧 요한이 그 세례를 반포한 후에 갈릴리에서 시작하여 온 유대에 두루 전파된 그것을 너희도 알거니와"(행 10:34-37)라고 말했다.

베드로가 말씀을 계속 증거하고 있을 때 말씀을 듣던 사람들에게 성령이 갑자기 내려오셨다. 성령의 임하심은 점진적으로가 아니라 순간적으로 이루어졌다. 베드로가 고넬료의 집에서 성령이 임한 사건을 오순절에 성령이 임한 사건과 병행적 사건으로 동일하게 보았다는 사실은, 그가 이 일을 예루살렘 총회에 보고한 말에서 분명하게 드러난다. "마음을 아시는 하나님이 우리에게와 같이 그들에게도 성령을 주어 증언하시고 믿음으로 그들의 마음을 깨끗이 하사 그들이나 우리나 차별하지 아니하셨느니라"(행 15:8-9).

넷째 사례는 사도행전 18장 24절에서 19장 7절까지에 등장하는 에베소의 제자들이다. 이 사건에 대해서는 상당한 오해가 있어 왔기 때문에 그 배경을 더 자세히 다룰 필요가 있다.

오랜 고린도 사역이 끝날 무렵 사도 바울은 그의 협력자인 브리스길라, 아굴라와 함께 에게해를 건너 아시아 본토의 에베소로 갔다. 에베소에서 바울은 회당에서 설교하면서 짧은 시간을 보낸 뒤 브리스길라와 아굴라를 거기에 남겨 두고 안디옥으로 떠났다.

바울이 가고 없을 때 아볼로라는 사람이 에베소로 왔다. 성경은 아볼로에 대해, 언변이 좋고 성경에 능통한 사람으로서 일찍이 주의 도를 배워 열심으로 예수에 관한 것을 자세히 말하며 가르쳤으나, 세례에 관해서는 요한의 세례밖에 알지 못했다고 묘사한다. 아볼로의 사역이 가진 훌륭한 잠재력을 알아본 브리스길라와 아굴라는 그를 데려다 하나님의 도를 더 온전히 풀어 가르쳐 주었다(행 18:24-28).

아볼로가 새롭게 만난 신앙의 동지들을 떠나 고린도로 간 지 얼마 되지 않아 바울이 에베소로 돌아왔다. 어떻게 회심을 했든, 즉 브리스길라와 아굴라가 회심을 시켰든지 아니면 아볼로가 회심을 시켰든지 간에 바울은 에베소에서 열두 명의 제자를 발견했다. 그들에 대해 알아보던 중 바울은 그들이 적어도 오순절적인 의미에서 성령을 받은 적이 없음을 알게 되었다. 그러나 바울이 그리스도의 이름으로 그들에게 세례를 준 후 안수하면서 기도하자 성령이 그들에게 충만히 임하셨다.

이 사건과 관련된 오해는 에베소 제자들의 영적 상태가 어떠했는지와 관련된다. 어떤 사람들은 그들이 성령을 알지 못한다고 말했고(행 19:2) 단지 요한의 세례만 받았다는 이유로(행 19:3), 그들은 아직 거듭나지 않은 사람들이었다고 주장한다. 그러나 우리는 이 본문이, 이 열두 명의 제자는 이미 진정한 하나님의 자녀들이었고, 이 사건은 그들이 구원받은 이후에 일어난 제2차적 순간적 경험이었음을 가르친다는 사실을 확고히 믿는다. 여기서 중요한 고려 사항을 살펴보자.

첫째, 성경 본문은 이 사람들이 이미 "제자들"이었다고 말씀한다(행 19:1). 그리고 제자들이 처음 그리스도인으로 불린 곳은 안디옥이었다(행 11:26). 다시 말해, 사도행전에서 '그리스도인'과 '제자'라는 말은 서로 바꿔 사용할 수 있는 용어다. 사도행전에서는 '제자'라는 용어를 그리스도를 믿는 참된 신자 외에 다른 누구에게도 사용한 예가 없다.

둘째, 바울은 그들이 신앙을 가지고 있다는 사실에 대해 의심하지 않았다. 그가 물은 것은 "너희가 믿을 때에 성령을 받았느냐"(행 19:2)라는 것이었다. 이 본문의 원문을 흠정역(KJV, "Have ye received the Holy Ghost since ye believed?")을 따라 "너희가 믿은 후에 성령을 받았느냐"로 번역하든지, 아니면 RSV("Did you receive the Holy Spirit when you believed?")를 따라 "너희가 믿을 때에 성령을 받았느냐?"로 번역하든지 간에, 그 요점은 전혀 변하지 않는다. 어떤 경우든 성경 본문은 그들이 이미 믿음을 가지고 있었다는 사실을 인정하고 있고, 그럼에도 바울이 말하는 의미에서는 성령을 받지 못했음을 분명히 하고 있다.

셋째, 성령 받는 것에 대해 몰랐다는 사실이, 그들이 아직 회심하지 않았음을 의미하지는 않는다. 드와이트 무디는 자신이 회심하고서도 오랫동안 성령이 하나의 인격체이심을 알지 못했고, 오늘날 많은 신자도 이 에베소 신자들 못지않게 성령의 인격과 사역에 대해 모르고 있다고 단언했다.[4]

넷째, 단지 요한의 세례만 받았다는 것이, 그들이 온전한 기독교적 의미에서 회심하지 않았다는 증거가 되지는 못한다. 사실 성경은 요한의 세례를 "죄 사함을 받게 하는 회개의 세례"(막 1:4)라고 말씀한다. 아볼로는 일찍이 주의 도를 배웠고, 성령 안에서 열심을 가지고 있었으며, 예수님에 관한 것을 자세히 말하며 가르치던 사람이었는데도, 요한의 세례만 알고 있었다.

다섯째, 바울이 이 제자들이 가졌던 신앙에 만족스러워했다는 사실은, 그들에게 주 예수 그리스도의 이름으로 다시 세례를 베푼 일에서 드러난다. 그들이 성령을 충만히 받은 것은, 시간적으로 세례를 받고 난 이후다. 그런데 만약 이들이 성령을 충만히 받을 때 기독교적인 의미에서 거듭났다고 주장한다면, 바울은 아직 회심하지도 않은 사람들에게 세례를 베푸는 잘못을 저질렀다는 것이 되고 만다. 우리는 초대교회 시대 이후 그런 잘못을 자주 행해 왔다는 것을 부인하지 않는다. 그러나 바울이 에베소에서 그런 잘못된 일을 처음 시작했다는 주장은 받아들일 수 없다.

마지막으로, 성령을 받는 것은 성령에 의해 거듭나는 것이나 성령의 인도를 받는 것 이상의 무엇이라는 사실은, 주 예수님께서 자신의 권위로 확증하셨다. 요한복음 14장 15-17절은 다음과 같이 말씀한다. "너희가 나를 사랑하면 나의 계명을 지키리라 내가 아버지께 구하겠으니 그가 또 다른 보

---

4   Dwight L. Moody, *Secret Power* (Chicago: The Bible Institute Colportage Association, 1908), 16, 50 [D. L. 무디 『시크릿 파워』, 박일귀 역(서울: 패밀리북 클럽, 2016)].

혜사를 너희에게 주사 영원토록 너희와 함께 있게 하리니 그는 진리의 영이라 세상은 능히 그를 받지 못하나니 이는 그를 보지도 못하고 알지도 못함이라 그러나 너희는 그를 아나니 그는 너희와 함께 거하심이요 또 너희 속에 계시겠음이라.”

이 말씀에서 예수님은 분명히 세상과 세상에 속한 자들은 성령을 받을 수 없음을 지적하신다. 우리는 성령을 받기 전에 먼저 성령을 알아야 한다. 우리는 우리 안에 성령을 소유하기 전에 먼저 성령과 함께해야 한다. 신약성경에서 요한복음 14장 17절, 사도행전 8장 15-17절과 19장 2절, 갈라디아서 3장 14절의 단 네 번 나오지만, 그 모두는 성령을 받을 자격이 되는 사람은 오직 신자뿐임을 분명히 말씀한다. 나는 비유에 근거해 주장하는 것에 지나치게 무게를 두려 하지는 않는다. 그러나 신약성경의 영감 받은 저자들은 중생을 설명할 때는 성령께서 일으키시는 ‘탄생’의 비유를 선택하지만, ‘적절한 의미의 제2차적 은혜’를 묘사할 때는 성령으로 받는 ‘세례’의 비유를 선택했다. 확실한 것은 자연의 순리에서 탄생은 반드시 세례보다 먼저라는 것이다. 아이는 세례를 받기 전에 먼저 태어나야 한다. 이 점에 대해서는 누구도 반박할 수 없다.

이 사례들을 통해 얻은 논리가 있다. 즉, 각 사례는 즉각성의 특징을 가지고 있다. 각 경우는 관련된 사람의 경험 속에서 특정한 시간에 일어났다. 그 어디에도 성장, 즉 오랜 시간이 걸리고 고통스러운 자기 훈련과 과정에 의해 이루어지고, 그러면서도 휴거 전에는 결코 완성될 수 없는 성화의 흔적은 보이지 않는다. 만약 성결이 믿음에 의한 것이면, 그것은 행위에 의한 것이 아니다. 이는 누구도 자랑하지 못하게 하기 위한 것이다(롬 11:6; 엡 2:9).

III. 시제의 증거

성결의 순간성에 대한 또 하나의 인상적인 증거가 있는데, 이는 헬라어 문법에 익숙한 성서신학자들이 특히 관심을 가질 만하다. 이 입장을 가장 설득력 있게 요약한 논문은, 다니엘 스틸(Daniel Steele) 박사가 저술한 『이정표』(*Milestone Papers*)에 수록되어 있는 『성결과 헬라어 시제』(*The Tense Readings of the Greek New Testament*, 전문을 이 책 부록에 덧붙임 – 역주)다.[5]

그 핵심적 주장은, 헬라어와 영어의 동사 시제에는 의미심장한 차이가 있다는 것이다. 영어에서 동사의 시제는 주로 과거나 현재, 미래같이 행동이 이루어지는 '시간'과 관계가 있다. 헬라어 시제는 시간의 경계도 나누지만, 그보다 특별한 것은 행동의 '종류'까지 구분한다는 것이다. 즉, 행동을 계속적인 과정으로 길게 이어지는 행동, 또는 순간적 행동이나 '특정 시간'에 이루어지는 행동으로 구분한다. 따라서 헬라어에서 계속적 행동이나 완전히 이루어지지 않은 상태는 현재(present) 시제와 불완전(imperfect) 시제로 표시한다. 반면 순간적이거나 특정 시간에 이루어지는 행동은 언제나 부정과거(aorist, 아오리스트) 시제로 표현한다. 윌리엄 허시 데이비스(William Hersey Davis)는 "부정과거 시제 자체는 언제나 순간적 행동을 의

---

5 Daniel Steele, *Milestone Papers* (New York: Eaton and Mains, 1878), "The Tense Readings of the Greek New Testament," 53-90. 이 글은 최근 Charles Ewing Brown, *The Meaning of Sanctification*의 부록에 수록되었다. 완전 성화와 헬라어 시제의 관계에 대한 더 완전한 해설서는 올리브 M. 윈체스터(Olive M. Winchester) 박사와 로스 E. 프라이스(Ross E. Price) 박사가 공동 집필한 *Crisis Experiences in the Greek New Testament* (Kansas City: Beacon Hill Press, 1953)이다.

미한다"[6]고 설명한다.

부정과거 시제는 "시간이 얼마나 걸렸는지 언급할 필요조차 없이 단순히 사건이나 단일 사실로 여겨지는"[7] 행동을 표시한다. 과거의 행동을 가리키는 부정과거 직설법(indicative aorist)을 제외하면, 부정과거 형태들은 시간에 대해 확정하지 않는다. 그것들은 모두 계속적 행동에 반대되는 순간적 행동을 말한다. 그리고 그 전체가 완결되고 종결된 사건을 가리킨다. 알포드(Alford)는 부정과거 시제는 결정적인 행동을 의미한다고 말한다.[8]

부정과거 시제가 지금 우리가 다루는 주제와 어떤 관계가 있는지는 스틸 박사의 『이정표』에서 인용한 다음 글에 잘 나타난다. 스틸 박사는 신약성경 핵심구절들에서 사용된 동사 시제 용법 연구를 통해 발견한 내용을 다음과 같이 말한다.

1. 유혹에 저항하는 영적 노력이나 기도에 관한 모든 권면은 대체로 현재형으로 표현되는데, 이는 인내를 가지고 지속적으로 해야 함을 강하게 나타낸다.

2. 헬라어 시제 연구를 통해 깨닫게 된 또 다른 사실은, '최종적 구원의 조건을 진술할 때는 언제나 부정과거 시제가 아닌 현재형을 사용한다'는 것이다. 이를 통해 우리는 궁극적 구원의 조건은 계속적으로 충족시켜야 하는 것으로서 아직 최종 결정이 내려지지 않은 상태며, 단 한 번의 신앙의 행위로 구원이 완결된 것이 아님을 알 수 있다. 구원을 위한 중대한 조건은 현재적으로

---

6 William Hersey Davis, *Beginner's Grammar of the Greek New Testament* (New York: George Doran Co., 1923), 123.

7 윈체스터와 프라이스 박사는 그들의 책에서 Hadley, *Greek Grammar for Schools and Colleges*를 인용한다.

8 같은 곳.

예수 그리스도를 믿어야 한다는 것이다. 헬라어를 주의 깊게 연구한 사람이라면, 마치 한 번만 돈을 내면 영원히 무효화되지 않는 보험증권을 받는 것같이 사람이 단 한 번 믿기만 하면 영생 보증수표를 받는다거나, 단 일회적 신앙의 능력을 발휘한 것으로 영원히 천국 입장권을 확보했다고 가르치는 것이 매우 중대한 잘못임을 확신하게 될 것이다. 플리머스 형제단이나 일부 유명한 평신도 전도자들은 실제로 그런 잘못된 내용을 가르치고 있다. 하지만 헬라어 시제는, 신앙은 신자가 칭의되었을 때 시작되는 하나의 지속적인 상태이자 마음의 자세임을 보여 준다.

3. 성령께서 그 능력으로 신자의 영혼을 '정결하게 하시는 역사'를 고찰해 보면, 우리는 신생과 완전 성화 모두에 '거의 예외 없이 부정과거 시제가 사용된다'는 사실을 알 수 있다. 가장 뛰어난 신약 원어 학자들에 의하면, 부정과거 시제는 계속적이거나 상습적이거나 반복적인 행동을 가리킨 적은 단 한 번도 없고, 순간적이고 단 한 번으로 결정적 변화를 가져오는 행동을 가리킨다.[9] 우리는 개인의 경험에 관해 성결과 완전을 가리키는 동사가 미완료 시제로 쓰인 경우가 있는지 찾으려 노력했지만 허사였다. '성결하게 하다'는 동사(*hagiazo*)는 언제나 부정과거나 완료 시제로 사용되기 때문이다. … '정결하게 하다'는 의미의 동사들(*katharizo, hagnizo*)도 마찬가지다. 여기서 우리가 알 수 있는 것은, 그 준비 과정이 얼마나 오랜 시간이 걸렸든지 간에 완전 성화에서 성령의 능력은 순간적 행위에 의해 일순간에 주어진다는 것이다. 이 사실은 이러한 은혜를 경험한 사람들의 공통적인 증언에 의해서도 입증된다.[10]

몇 년 전 최종적 연구의 결과로, 성결의 모든 이론은 그 순간적 성격을 인정해야 한다고 지적한 사람은 E. F. 워커(E. F. Walker) 박사였다. 만약 성

---

9   Hadley, *Greek Grammar for Schools and Colleges*, 57, 59, 65-66.
10   같은 책, 90.

결이 죽음이나 부활 때 이루어지더라도, 그것은 순간적으로 일어나는 것이 틀림없다. 심지어 성결이 성장에 의해 이루어진다 하더라도, 완전한 성장이 이루어지는 순간은 있어야 한다. 따라서 이 주제에 관한 논쟁의 중심은 언제 그 완성의 순간이 찾아오는지에 있다.

여기서 우리는 주저 없이 하나님의 말씀이 모든 것을 판단할 최종적 권위임을 단언한다. 온전한 구원의 시간은 매우 먼 미래에 있지 않다. 모든 육적인 죄의 자취에서 구원 얻는 날은 어떤 멀리 떨어져 있는 날이 아니다. 하나님의 모든 명령은 현재 시제로 되어 있으며, 미래에 그렇게 되라고 명령하지 않는다. "보라 지금은 은혜 받을 만한 때요 보라 지금은 구원의 날이로다"(고후 6:2).

3장 그리스도인의 완전과 죄의 올바른 정의

현대 복음주의 기독교 진영에서 제기된 가장 중요한 쟁점 중 하나는 죄의 정의에 관한 것이다. 죄의 정의는 죄라는 용어를 어떻게 적절히 사용해야 하는지에 관한 이론적 논쟁보다 더 중요하다. 그것은 그리스도인의 삶과 경험의 정수와 직접적으로 연결되어 있으며, 구원의 교리와 연결된 모든 이해에 영향을 끼치기 때문이다. 우리가 구원의 전체 계획을 어떻게 이해하는지는 그것에 의해 근본적으로 영향을 받는다. 리처드 S. 테일러(Richard S. Taylor)가 『죄의 올바른 이해』(*The Right Conception of Sin*)[1]에서 결론적으로 주장한 것처럼, 성경적 죄 개념은 그리스도인의 사고에서 핵심적이다.

이 장의 목적은 죄 문제 전체를 재고찰하는 것이 아니라, 죄의 정의나 그와 관련된 다른 정의가 올바른지 판단하기 위해 적용할 수 있는 결정적 기준을 제안하는 것이다. 이 목적을 이룬 후 우리는 다시 우리가 받아들인 죄의 정의가 완전 성화의 교리에 어떻게 영향을 끼치는지의 문제로 돌아올 것이다.

---

1   Richard S. Taylor, *The Right Conception of Sin* (Kansas City, MO: Beacon Hill Press, 1945, 1973) [리처드 S. 테일러, 『죄의 올바른 이해: 올바른 신앙과 삶의 비결』, 장기영 역 (부천: 웨슬리 르네상스, 2022)].

I. '죄'의 의미

직접적으로 말해 여기서의 질문은 신약성경에서 '죄를 범하다'라는 동사의 바른 의미는 무엇인가 하는 것이다. 그것은 사람들이 흔히 말하는 것처럼 완전한 의의 절대적이고 객관적인 기준에서 조금이라도 벗어나는 것을 의미하는가? 그렇지 않다면 죄의 본질은 잘못된 의도, 즉 불순한 동기에 있는가? 우리는 사실에 대한 아무런 왜곡 없이 전자를 율법적 죄 개념, 후자를 윤리적 죄 개념으로 부를 수 있을 것이다. 두 가지 죄 개념은 우리를 근본적으로 다른 방향으로 인도한다.

잘 알려진 것처럼, 성경에는 죄라는 용어 및 관련 용어에 관해 두 가지 주요 용법이 있다. 이 용법은 관련 품사에서 드러난다. 죄가 명사로 사용되면, 그 단수 형태는 주로 죄 된 본성, 기질의 상태, 존재의 양상을 가리킨다. 우리는 죄의 이러한 용법의 사례를 로마서 6장에서 볼 수 있다. "죄가 너희를 주장하지 못하리니 이는 너희가 법 아래에 있지 아니하고 은혜 아래에 있음이라"(14절)라는 구절과, "그러나 이제는 너희가 죄로부터 해방되고 하나님께 종이 되어 거룩함에 이르는 열매를 맺었으니 그 마지막은 영생이라"(22절)라는 구절이 그것이다.

또 죄가 동사로 사용되면 일종의 동작이나 행동 양식을 가리킨다. 죄의 명사 형태는 동사에서 비롯되었고, 또 우리가 여기서 관심 갖는 주제가 죄 된 행위의 본성이라는 점에서, 지금은 동사인 '죄를 범하다'에 주의를 집

중해, 그것이 의미하는 행위가 어떤 것인지 발견하기 위해 노력할 것이다.

우선 신약성경에서 죄 된 행위를 지칭하기 위해 가장 자주 사용되는 헬라어 동사는 'hamartano'로, 기독교는 이 단어를 전통적으로 '과녁을 빗나가다'라는 의미로 정의해 왔다. 그러나 이 헬라어의 기본적 의미만으로는 성경이 죄를 어떤 의미로 사용하는지에 대해 유익한 통찰을 얻기 힘들다. 그것은 어떤 과녁을, 왜, 어떻게 빗나갔는지에 대해 아무것도 알려 주지 않기 때문이다. 궁수가 활시위를 너무 약하게 당기거나 서툴러, 과녁을 잘못 겨냥하거나 부주의하게 목표를 설정한다면 빗나갈 것이다.

그런 경우에는 용어의 어원 연구가 죄 이해에 도움이 된다는 보장이 없다. 따라서 우리는 용어의 원래 의미만이 아닌 다른 근거까지 조사해 그것을 토대로 죄의 정의를 내린 후 그것이 올바른지 아닌지를 점검해야 한다.

사람들은 흔히 죄를 '하나님의 온전한 뜻을 조금이라도 어기는 모든 것, 또는 그 뜻에 조금이라도 순응하지 못하는 모든 것'으로 정의하곤 한다. 채퍼는, 신자는 자신의 삶에 죄가 있는지 살피면서 "나는 하나님의 뜻 중 어느 것도 빠짐없이 그 전체를, 그리고 다른 어떤 것도 더함이 없이 오직 그 뜻만을, 하늘같이 순수한 동기로, 하나님의 신실하심과 같이 변치 않는 신실함으로 행했는가?"[2]를 자문해야 한다고 말한다. 만약 그 기준에 의해서라면 우리 중 어떤 사람도 그 정도까지 자신을 성찰할 수는 없다. 어떤 유한한 피조물이 "하나님의 신실하심과 같이 변치 않는 신실함"으로 살 수 있단 말인가?

2　Chafer, *Systematic Theology*, VI, 185.

이 관점은 완벽한 의를 요구하는 이상적인 율법을 기준으로 삼아 인간의 모든 행위를 객관적으로 판단하려 할 것이다. 그렇다면 우리는 그 정황이나 원인이 무엇이든 간에, 이 절대적 기준에서 조금이라도 벗어나는 것이면 무엇이나 죄라고 정의할 수 있다. 어떤 유한한 피조물도 그러한 실패에서 벗어날 수 없기 때문에, 그러한 죄의 정의에서 도출되는 결론은 인간은 '날마다 말과 생각과 행위로' 죄를 지을 수밖에 없다는 것이다.

아르미니우스주의 신학자들은 일반적으로 이러한 죄의 '광의적' 정의에 기꺼이 동의해 왔다. 그러면서도 그들은 즉시 이 광의적 정의에 반대되는 죄의 '협의적' 정의를 내려, 죄를 하나님의 알려진 율법의 의도적인 위반으로 이해한다. 이 정의는 존 웨슬리가 『그리스도인의 완전에 관한 평이한 해설』(*A Plain Account of Christian Perfection*)에서 쓴 유명한 구절에 등장한다.

가장 훌륭한 사람이라도 여전히 제사장 되시는 그리스도께서, 그들이 마땅히 행해야 할 것을 하지 않은 태만, (사람들이 부적절하게 표현하곤 하는) 결점, 판단과 실행에서의 실수, 다양한 약점을 대속하실 필요가 있습니다. 이 모든 것이 하나님의 완전한 율법의 기준에는 미치지 못한다는 점에서 대속을 필요로 하기 때문입니다. 그러나 우리는 "사랑은 이웃에게 악을 행하지 아니하나니 그러므로 사랑은 율법의 완성이니라"(롬 13:10)라는 사도 바울의 말씀에서 그런 것들이 적절한 의미의 죄가 아님을 알 수 있습니다. 우리의 부패하기 쉬운 상태의 몸에서 부득이하게 흘러나오는 실수와 모든 연약성은 사랑에 저촉되지 않습니다. 따라서 성경적 의미에서의 죄는 아닙니다. … 죄라고 불러 마땅한 것 즉 율법을 알면서 고의로 범한 것만이 아니라, 부당히 죄로 불리는 것 즉 하나님의 율법을 범할 생각 없이 범한 것도 속죄의 피를 필요로 합니다. 나는 죽을 운명인 인간의 한계 때문에 어쩔 수 없이 저지르는 무지와 잘못의 자연적 결과인 비고의적 위반을 배제하는 완전은 이 세상에서는 있을 수 없다고 믿습니다. 그렇기에 나는 자가당착을 피하기 위해 '죄 없는 완전'(sinless perfection)이라는 말을 결코 쓰지 않습니다. 나는 하나님께 대한 사랑이 충만한 사람이라도 비고의적 위반을 피할 수는 없다고 믿습니다.[3]

개인적으로 나는 웨슬리가 암묵적으로 인정한 죄의 '광의적' 정의보다 죄에 관한 그의 두 번째 통찰이 신약성경의 죄 개념에 더 부합한다고 말하고 싶다. 신약성경에서 죄는 윤리적 개념이지 율법적 개념이 아니다. 그렇게 이해하면, 죄는 지식이나 규범뿐 아니라, 선택이나 동기에 관한 요소를 포함한다.

죄의 정의에 관한 이 모든 논의는 신자가 죄에서 실제로 구원받을 수 있는지의 문제로 넘어가면 매우 중요한 것이 된다. 죄의 율법적 또는 '광의적' 정의는 필연적으로 죄의 윤리적 또는 '협의적' 정의를 그 속에 포함한다. 핵심적 질문은 일반적으로 중생한 사람, 그리고 특별히 성결한 사람이 죄에서 벗어난 삶을 살 수 있으며, 또 그렇게 살고 있는가 하는 것이다. 다른 문제처럼 이 문제에서도 하나님의 말씀보다 더 신뢰할 만한 판단 기준은 없다. 우리의 모든 생각은 그것이 성경말씀과 일치하는가 하는 기준에 따라 판단을 받아야 한다.

---

3 John Wesley, *A Plain Account of Christian Perfection*, 42–43.

II. 죄의 정의에 대한 평가

앞으로 몇 페이지에 걸쳐 논의할 내용의 기본 원리는 매우 간단하다. 그 원리는 어떤 용어의 정의가 올바른가 아닌가 하는 것은, 그 용어가 있던 자리에 본래의 용어 대신 그 용어의 정의를 대입해 보면 알 수 있다는 것이다. 다시 말해, 문제가 되는 용어의 자리에 그 용어의 정의를 대입했을 때 전체 구절이 훌륭하게 앞뒤가 맞는 문장이 되면, 그 정의는 만족스러운 것으로 볼 수 있다. 그러나 그렇게 대입했을 때 전체 구절이 앞뒤가 맞지 않거나 터무니없는 뜻이 되어 버리면, 그 정의는 미흡한 것이다.

예를 들어, 우리는 "예외는 규칙을 입증한다"(The exception proves the rule, 예외를 잘 살펴보면 규칙이 무엇인지 알 수 있다는 뜻이다. 예를 들어, '주차금지' 표지판이 세워진 예외적인 장소를 통해 그곳을 제외한 다른 곳은 주차해도 된다는 일반적인 규칙을 알 수 있다 – 역주)라는 속담을 잘 알고 있다. 이 속담에 사용된 '입증하다'(prove)라는 동사는 두 가지로 정의할 수 있다. '~의 진실성을 확립하다'라는 의미와 '~의 진실성을 시험하다'라는 의미가 그것이다. 기하학적 이론을 증명할 때 우리가 사용하는 것은 첫 번째 의미다. 반면 애버딘(Aberdeen)의 군용 대포 시험장 같은 성능 시험장(proving ground)을 말할 때 사용하는 것은 두 번째 의미다.

"예외는 규칙을 입증한다"라는 속담에서 '입증한다'는 동사의 의미는 무엇인가? '입증한다'라는 말 대신 첫 번째 정의(확립하다)를 대입해 보면, '예외는 규칙의 진실성을 확립한다'라는 의미가 된다. 이 해석은 명백히 잘못된 것이고, 자기 모순적이다. 따라서 이 문맥에서 첫 번째 정의는 터무니없는 것이 된다. 두 번째 정의를 대입해 보면, '예외는 규칙의 진실성을 시험한다'라는 의미가 된다. 이 해석은 분명하게 의미가 통하고 그 뜻도 사실과 부합하기 때문에, 용어의 의미를 가장 잘 표현하는 것으로 두 번째 정의를 확립한다.

신약성경에서 '죄를 범하다'라는 동사가 정확히 무엇을 의미하는지 파악하기 위해 우리가 제안하려는 방법이 바로 이것이다. 즉, 먼저 서로 다른 두 가지 죄의 정의를 최대한 간결하게 진술해 보자. 그리고 그 후에는 그 각각의 정의를 신약성경에서 '죄를 범하다'라는 동사가 사용된 41개의 구절[4]에 차례차례 대입해 보자. 이런 방법으로 우리는 죄의 두 가지 정의 중 어느 것이 신약성경의 'hamartano'(죄를 범하다)라는 용어의 의미에 부합하는지 확인할 수 있을 것이다.

지면상 이곳에서 41개의 구절 전부를 검토하기는 어렵다. 그래서 우리는 먼저 41개의 구절 전체를 철저히 검토해 발견한 내용을 요약한 후, 어떤 방법으로 그런 결론을 도출했는지 보여 주기 위해 여러 간략한 사례를 제시할 것이다.

죄의 율법적 정의는 간단히 말해 '완벽한 행위라는 절대적 기준에서 조금이라도 벗어나는 것'이다. 죄의 윤리적 정의는 웨슬리가 설명한 대로 '하나님의 알려진 율법을 의도적으로 위반하는 것'이다.

---

4   같은 방법을 명사인 '죄'나 그 외 신약성경의 다른 관련 용어를 정의할 때도 사용할 수 있다. 신약성경에서만 300회가 넘게 사용되었기에 이 책에서 그 방법으로 모두를 검증하기는 힘들다.

41개의 구절[5] 각각에 이 서로 다른 죄의 정의를 대입해 보면 매우 재밌는 결과를 얻을 수 있다. 죄의 윤리적 정의는 41개의 구절 '전체'와 잘 어울리고, 의미에 아무 문제가 없다. 41개의 구절 중 어떤 예외도 없다. 그러나 41개의 구절 중 죄의 율법적 정의가 문맥과 어울리고 의미에 문제가 생기지 않는 것은 '단 네 구절'뿐이다. 나머지 37개의 구절은 모두 죄의 율법적 정의를 대입하면 앞뒤 문맥이 맞지 않고 자기 모순을 일으킨다.

죄의 율법적 정의인 '완벽한 행위라는 절대적 기준에서 조금이라도 벗어나는 것'을 네 구절에 대입해도 의미상 문제가 생기지 않는다는 사실이, 그렇기 때문에 죄의 율법적 정의가 이 구절들에 적합한 정의라는 뜻은 아니다. 같은 구절에 죄의 윤리적 정의를 대입하면 의미가 더 잘 통하고, 신약 성경의 다른 부분과도 모순 없이 조화를 이루는, 헤아릴 수 없이 큰 유익을 가져오기 때문이다.

두 가지 서로 다른 죄의 정의가 모두 문맥과 어울리는 네 구절을 간단히 살펴보자. 그 네 구절은 '죄를 범하다'라는 동사가 두 번 사용된 로마서 2장 12절, 로마서 3장 23절, 그리고 요한1서 1장 10절이다. 그 내용은 다음과 같다. "무릇 율법 없이 범죄한 자는 또한 율법 없이 망하고 무릇 율법이 있고 범죄한 자는 율법으로 말미암아 심판을 받으리라", "모든 사람이 죄를 범하였으매 하나님의 영광에 이르지 못하더니", "만일 우리가 범죄하지 아니하

---

5 영(Young)의 *Analytical Concordance*에서 가져온 41개 구절의 목록은 다음과 같다; 마 18:15, 21; 27:4; 눅 15:18, 21; 17:3, 4; 요 5:14; 8:11; 9:2, 3; 행 25:8; 롬 2:12(2회); 3:23; 5:12, 14, 16; 6:15; 고전 6:18; 7:28(2회), 36; 8:12; 15:34; 엡 4:26; 딤전 5:20; 딛 3:11; 히 3:17; 10:26; 벧전 2:20; 벧후 2:4; 요일 1:10; 2:1(2회); 3:6, 8, 9; 5:16(2회), 18.

였다 하면 하나님을 거짓말하는 이로 만드는 것이니 또한 그의 말씀이 우리 속에 있지 아니하니라.”

우리는 이 구절들에서 ‘죄를 범하다’라는 용어 대신 죄의 율법적 정의를 대입해 읽는 것이 ‘가능’하고, 그렇게 하더라도 수용할 만한 뜻이 된다는 사실을 인정해야 한다. 죄의 율법적 정의를 대입하면 다음과 같다. “무릇 율법 없이 ‘완벽한 행위라는 절대적 기준에서 조금이라도 벗어난’ 자는 또한 율법 없이 망하고 무릇 율법이 있고 ‘완벽한 행위라는 절대적 기준에서 조금이라도 벗어난’ 자는 율법으로 말미암아 심판을 받으리라”, “모든 사람이 ‘완벽한 행위라는 절대적 기준에서 조금이라도 벗어났기에’ 하나님의 영광에 이르지 못하더니”, “만일 우리가 ‘완벽한 행위라는 절대적 기준에서 조금이라도 벗어나지’ 아니하였다 하면 하나님을 거짓말하는 이로 만드는 것이니 또한 그의 말씀이 우리 속에 있지 아니하니라.”

그러나 같은 구절에 죄의 윤리적 정의를 대입해 보면 얼마나 더 자연스럽고 뜻이 잘 통하는지 한번 살펴보자. “무릇 율법 없이 ‘하나님의 알려진 율법을 의도적으로 위반한’ 자는 또한 율법 없이 망하고 무릇 율법이 있고 ‘하나님의 알려진 율법을 의도적으로 위반한’ 자[6]는 율법으로 말미암아 심판을 받으리라”, “모든 사람이 ‘하나님의 알려진 율법을 의도적으로 위반했기에’ 하나님의 영광에 이르지 못하더니”, “만일 우리가 ‘하나님의 알려진 율법을 의도적으로 위반하지’ 아니하였다 하면 하나님을 거짓말하는 이로 만드는 것이니 또한 그의 말씀이 우리 속에 있지 아니하니라.”

———

6 성경의 문맥을 살펴보면 여기서 율법은 모세의 율법을 의미한다.

III. 죄의 율법적 정의는 비성경적이다

앞의 네 구절을 제외하고, 참으로 성경적 죄의 의미를 결정짓는 구절들은 죄의 율법적 정의와 어울리지 않을 뿐 아니라, 그 정의를 대입하면 성경을 전혀 말이 안 되는 것으로 만들어 버린다. 그렇다면 '죄를 범하다'라는 용어가 들어 있는 구절 중 나머지 90퍼센트 구절들의 올바른 의미를 파괴해 버리는 죄의 정의는 결코 만족스러운 것으로 받아들여질 수 없다.

나머지 37개의 구절 모두를 살펴보는 것은 물론 이해에 큰 도움이 되겠지만 지금은 임의로 다섯 구절을 선택하고자 한다.

첫째, 복음서에서 사례를 들어 보자. 요한복음 5장 14절의 "그 후에 예수께서 성전에서 그 사람을 만나 이르시되 보라 네가 나았으니 더 심한 것이 생기지 않게 다시는 죄를 범하지 말라 하시니"라는 말씀이다. 이 구절에 죄의 율법적 정의를 대입하면 "보라 네가 나았으니 더 심한 것이 생기지 않게 다시는 '완벽한 행위라는 절대적 기준에서 조금이라도 벗어나지' 말라"라는 말씀이 된다. 이는 이미 가련한 사람을 이전보다 훨씬 끔찍한 위치에 두는 해석임이 분명하다! 알려졌던 알려지지 않았든, 또 의도적이든 비의도적이든, 완벽한 행위라는 절대적 기준에서 조금이라도 벗어나는 것을 피하는 일이 어떻게 그에게 가능하겠는가? 그러나 같은 구절에 죄의 윤리적 정의를 대입하면, 우리 주님의 요구는 합리적일 뿐 아니라, 주님의 은혜로 실현 가능한 것이 된다. 즉 "보라 네가 나았으니 더 심한 것이 생기지 않게 다시는 '하나님의 알려진 율법을 의도적으로 위반하지' 말라"라는 말씀이 된다.

둘째, 로마서 6장 15절의 "그런즉 어찌하리요 우리가 법 아래에 있지 아니하고 은혜 아래에 있으니 죄를 지으리요 그럴 수 없느니라"라는 말씀을 살펴보자. 여기에 죄의 율법적 정의를 대입하면 다음과 같이 너무나 터무니없는 구절이 되고 만다. "그런즉 어찌하리요 우리가 법 아래에 있지 아니하고 은혜 아래에 있으니 '완벽한 행위라는 절대적 기준에서 조금이라도 벗어나리요?' 그럴 수 없느니라." 그러나 같은 구절에 죄의 윤리적 정의를 대입하면 우리에게 그리스도인의 행동에 대한 신약성경의 기준을 제시한다. "그런즉 어찌하리요 우리가 법 아래에 있지 아니하고 은혜 아래에 있으니 '하나님의 알려진 율법을 의도적으로 위반하리요?' 그럴 수 없느니라."

셋째, 바울 서신 중에서 또 한 구절 예를 들면, 고린도전서 15장 34절의 "깨어 의를 행하고 죄를 짓지 말라 하나님을 알지 못하는 자가 있기로 내가 너희를 부끄럽게 하기 위하여 말하노라"라는 말씀이다. 여기에 죄의 율법적 정의를 대입하면 "깨어 의를 행하고 '완벽한 행위라는 절대적 기준에서 조금이라도 벗어나지' 말라 하나님을 알지 못하는 자가 있기로 내가 너희를 부끄럽게 하기 위하여 말하노라"라는 구절이 된다. 죄의 율법적 정의를 전파하는 사람들은, 사람이 언제라도 말과 생각과 행위에서 죄 없이 살 수 있다는 가능성 자체를 부인하기 때문에, 그들에게 이런 해석은 이 구절을 터무니없게 만들어 버린다. 그러나 같은 구절에 죄의 윤리적 정의를 대입하면, 이 구절은 신약 시대의 모든 신자가 지켜야 할 보편적인 의무가 무엇인지 드러내는 말씀이 된다. "깨어 의를 행하고 '하나님의 알려진 율법을 의도적으로 위반하지' 말라 하나님을 알지 못하는 자가 있기로 내가 너희를 부끄럽게 하기 위하여 말하노라."

네 번째 사례는 히브리서 10장 26절의 "우리가 진리를 아는 지식을 받은 후 짐짓 죄를 범한즉 다시 속죄하는 제사가 없고"라는 말씀이다. 이는 진리를 아는 지식이 있으면서도 의도적인 죄 속에서 살아가는 사람들에게는 그리스도의 속죄가 소용 없을 것임을 경고하는 준엄한 말씀이다. '짐짓'(willfully, KJV, 고의로, 일부러 – 역주)이라는 부사는 우리가 다루는 죄의 문제가 의지적 성격을 지닌다는 사실을 강조하는 용어로, 다른 말로 바꾸는 것이 쉽지 않다. 그럼에도 시도해 본다면 "우리가 진리를 아는 지식을 받은 후 고의로 '완벽한 행위라는 절대적 기준에서 조금이라도 벗어나면' 다시 속죄하는 제사가 없고"라는 뜻이 된다. 이 해석은 모든 사람을 절망에 빠뜨리기에 충분할 것이다.

그러나 같은 구절에 죄의 윤리적 정의를 대입하면, "우리가 진리를 아는 지식을 받은 후 '하나님의 알려진 율법을 의도적으로 위반하면' 다시 속죄하는 제사가 없고"라는 뜻이 된다. 이는 준엄한 경고의 말씀을 보존하면서도, 신약성경 전체의 취지와 완전하게 조화를 이룬다. 이 해석은 타락한 사람에게서 희망을 빼앗으려는 것이 아니라, 과거 하나님의 은혜 안에 살았는지 여부와 관계없이 현재 의도적으로 알려진 죄를 지으며 살아가면서도 자신에게는 여전히 그리스도의 대속의 죽음이 유효하다고 당연하게 주장할 수 있는 사람은 아무도 없음을 모두에게 경고하기 위한 것임이 분명하다. 여기서 원문은 의도적으로 계속 죄를 짓는다는 의미의 분사 형태이기 때문에, 그런 죄에 대해서는 다시 속죄하는 제사가 있을 수 없다는 것이다. 타락한 사람이 다시 하나님께로 돌이켜 진정한 회개로 범죄하기를 멈추면, 그 사람은 그리스도의 대속의 보혈이 자신의 속죄를 위한 제사로서 전적으로 충분함을 발견한다.

마지막 근거 구절은 요한1서 3장 8-9절로 다음과 같이 말씀한다. "죄를 짓는 자는 마귀에게 속하나니 마귀는 처음부터 범죄함이라 하나님의 아들이 나타나신 것은 마귀의 일을 멸하려 하심이라 하나님께로부터 난 자마다 죄를 짓지 아니하나니 이는 하나님의 씨가 그의 속에 거함이요 그도 범죄하지 못하는 것은 하나님께로부터 났음이라." 여기서 죄와 관련해 두 용어는 명사고, 두 용어는 동사다. 그러나 이 용어들은 모두 같은 의미로 해석해야만 문맥에서 의미상 조화를 이룬다.

먼저 죄의 율법적 정의를 적용해 보자. 그러면 "'완벽한 행위라는 절대적 기준에서 조금이라도 벗어나는' 자는 마귀에게 속하나니 마귀는 처음부터 '그 기준에서 벗어났음이라' … 하나님께로부터 난 자마다 '절대적 의의 기준에서 조금도 벗어나지' 아니하나니 이는 하나님의 씨가 그의 속에 거함이요 그도 '거기서 벗어나지' 못하는 것은 하나님께로부터 났음이라"라는 의미가 된다. 이런 해석은 틀림없이 하나님 자녀의 수를 극단적으로 제한하게 될 것이다. 그리고 확실히 모든 유한한 인간을 구원에서 배제해 버린다.

그러나 죄의 윤리적 정의로 돌아가, 죄에 사용된 동사가 반복적이고 습관적인 행위를 표현하기 위해 사용되었음을 깨닫고 나면, 우리는 이 구절이 하나님의 계시 전체와 완벽하게 조화를 이룬다는 사실을 알게 된다.

"'하나님의 알려진 율법을 의도적으로 위반하는' 자는 마귀에게 속하나니 마귀는 처음부터 '그렇게 하나님의 율법을 위반하였음이라' … 하나님께로부터 난 자마다 '하나님의 알려진 율법을 의도적으로 위반하지' 아니하나니 이는 하나님의 씨가 그의 속에 거함이요 그도 '하나님의 알려진 율법을 의도적으로 위반하지' 못하는 것은 하나님께로부터 났음이라."

어떤 사람은 '범죄하지 못한다'는 표현을 '범죄하는 것이 불가능하다'라는 뜻으로 해석해 이 구절이 가진 힘을 퇴색시키려 한다. 그러나 여기서 '못한다'는 말은 논리적이고 법적인 의미에서 그렇게 된다는 것이지, 죄를 지을 가능성이 없음을 의미하지 않는다.

예를 들어, 이 구절의 문구를 조금 바꾸어 그 전체의 의미를 살펴보자. 다음과 같이 바꿀 수 있을 것이다. "정직한 사람은 누구나 도둑질을 할 수 없다. 이는 정직한 마음이 그의 속에 있음이요, 그가 도둑질할 수 없는 것은 정직한 사람이기 때문이라." 이 말에는 아무 문제가 없다. 이 말은, 정직한 사람은 자기 소유가 아닌 물건을 가져갈 능력이 없다는 의미가 아니다. 그는 손과 발이 있고, 다른 사람들처럼 남의 물건을 갖고 싶다는 마음을 가질 수도 있다. 이 말이 의미하는 것은, 그럴 능력이 있는데도 그렇게 '할 수 없다'는 것이다. 정직하면서 동시에 도둑이 되는 것은 논리적으로 불가능하기 때문이다. 정직한 사람이 도둑질을 시작하면, 그 순간 그는 정직한 사람이기를 멈추고 도둑이 되어 버린다.

또 다른 예를 들어, 같은 성경구절을 "진실한 사람은 누구나 거짓말을 하지 않는다. 이는 진실한 마음이 그의 속에 있음이요, 그가 거짓말할 수 없는 것은 진실한 사람이기 때문이라"라는 말로 바꾸어 생각해 보자. 이 말에는 아무 문제가 없다. 이 말은, 진실한 사람은 혀와 입술이 없다거나 거짓말을 지어낼 만한 지성이 없다는 뜻이 아니다. 이 말의 뜻은, 진실한 사람이 거짓말을 하기 시작하면, 그는 더는 진실하지 않다는 것이다. 그는 거짓말쟁이가 되어 버렸기 때문이다. 하나님이 만드신 세상 어디에도 정직한 도둑이나 진실한 거짓말쟁이가 있을 수 없는 것처럼, 하나님 만드신 세상 어디에도 죄를 짓고 사는 성도나 하나님의 알려진 율법을 의도적으로 위반하면서 사는 하나님의 자녀란 있을 수 없다.

이것은 하나님의 신실한 자녀라면 영적으로 연약한 순간이나 강한 유혹의 압박 아래에서도 죄에 굴복하거나 범죄할 수 없다는 의미가 아니다. 하나님께서는 그런 경우를 위해 요한1서 2장 1-2절과 같은 즉각적인 해결책을 제공하신다. "나의 자녀들아 내가 이것을 너희에게 씀은 너희로 죄를 범하지 않게 하려 함이라 만일 누가 죄를 범하여도 아버지 앞에서 우리에게 대언자가 있으니 곧 의로우신 예수 그리스도시라 그는 우리 죄를 위한 화목제물이니 우리만 위할 뿐 아니요 온 세상의 죄를 위하심이라."

여기서 죄와 관련된 동사들은 부정과거 시제로 사용되었는데, 이는 하나님의 자녀에게 범죄는 습관적이거나 반복적으로 행해지는 것이 아니라는 사실을 가리킨다. 그러나 거짓은 심지어 이 말씀에서조차 하나님의 자녀라도 죄를 피할 수는 없다는 잘못된 생각을 불러일으킨다. 이 말씀은 하나님의 자녀로 죄를 짓지 않도록 교훈하려는 목적으로 기록된 것이다. 따라서 정상적인 행동의 강령은 "너희로 죄를 범하지 않게 하려 함"이다. 그

뒤에 곧바로 주어진 "만일 누가 죄를 범하여도"라는 말씀은, 죄란 예외적인 것일 뿐 정칙이 아니라는 사실을 나타낸다. 그럼에도 만약 비극이 발생하면 – 그리스도인의 삶에서 죄는 그야말로 비극과 같은 것이다 – 하나님께서는 범죄한 자의 즉각적인 죄 고백과 의로우신 예수 그리스도의 변호를 통해 해결책을 제공하신다. 그 해결책이 효력을 나타내려면, 지체 없이 그리스도의 보혈로 피해야 한다.

죄 문제를 즉시 해결하지 않는 태도는 다른 죄들도 지을 가능성의 문을 열어 놓는 것이고, 더 깊은 타락으로 나아가는 길이 된다. 영적 생명을 파괴하는 것은 단 한 번의 예외적인 범죄가 아니라, 죄를 회개하지 않고 계속 죄를 고집하는 것이다.

한 낯선 사람이 선착장에서 어부에게 "사람이 여기서 물에 빠지면 익사하지 않나요?"라고 물었다. 어부는 "그럴 리가요"라고 대답했다. 그 사람은 또다시 물었다. "왜요? 물이 별로 깊지 않나요?" 어부가 대답했다. "엄청 깊지요. 그렇지만 사람이 익사하는 건, 물에 빠져서가 아니라 계속 물에 잠겨 있기 때문이랍니다."

등장인물을 바꾸어 보자. 어떤 사람이 자동차를 운전하던 중 타이어에 펑크가 났다. 확실히 이런 경우는 늘 있는 정상적인 상태는 아니다. 모든 자동차는 바람을 충분히 넣은 타이어 네 개가 있어야 정상적인 운행이 가능하기 때문이다. 그런데 타이어 한 개가 펑크났다면, 다음 두 가지 중 하나를 택해야 한다. 먼저 운전자는 타이어가 펑크난 채로 카센터가 나올 때까지 운전을 계속할 수 있다. 카센터는 10킬로미터나 20킬로미터, 혹은 30킬로미터를 더 가야 나올 수도 있다. 그러나 만약 그렇게 한다면 결국에는 단지 타이어의 구멍을 메운다고 해결되는 것이 아니라, 타이어 튜브 또는 타이어 자체를 갈거나, 심지어 휠을 갈아야 할지도 모른다. 반면 운전자는 차에서 즉시 내려 타이어를 수리하거나 스페어 타이어로 갈아 끼워 타이어에 영구적인 손상이 가지 않게 조치한 후 가던 길을 계속 갈 수도 있다.

너무나 많은 젊은 그리스도인이 순간적으로 죄에 사로잡힌 후, 말하자면 그다음 수련회나 부흥회 때까지 그 펑크난 타이어를 고치지도 않고 계속 달려 버린다. 그들은 자신이 가졌던 신앙을 포기하고 확신도 내던져 버린다. 그 결과 다음 수련회나 부흥회 때가 되면 단지 타이어만 수리하는 것으로 그치지 않고, 타이어 튜브나 타이어, 아니면 휠 전체까지 통째로 갈아야 하는 상황에 이르게 된다. 다시 차를 운행하려면 대대적인 정비를 받아야 할 지경이 되어 버리는 것이다. 펑크가 났을 때 즉시 자동차를 세워, 자신의 죄에 대해 용서를 구하고 죄 사함 받아 하나님과의 교제가 끊어지지 않게 조치한 후에 아무런 해 없이 가던 길을 계속 간다면 이 얼마나 좋은 일인가!

우리가 죄의 두 가지 다른 정의 중 어떤 것이 더 성경적인지 시험해 본 과정을 되돌아보면, 죄의 율법적 정의는 받아들일 수 없는 데 반해, 윤리적 정의는 성경 각 구절에 대입해 볼 때마다 결정적인 시험을 통과했음을 알 수 있다. 더 나아가, 신약성경은 일반적 그리스도인의 삶의 기준과 특별히 성결한 삶의 기준을 가르치고 있는데, 이 기준에 의하면 죄 된 행동은 신자의 삶 어디에도 자리할 곳이 없다는 사실이 분명해진다.

IV. 죄의 정의의 중요성

어떤 사람은 이 지점에서 질문을 제기할지도 모른다. "그렇지만 죄의 정의가 무엇인지가 신앙생활에 무슨 차이를 가져오는가? 이런 논의는 그저 말싸움일 뿐이지 않은가? 왜 인간의 연약성에서 비롯된 기억에서의 실수나 판단의 오류, 행동의 불완전성을 죄로 부르면 안되는가?"

나는 이에 대해 세 가지로 답하고자 한다. 첫째, H. 오턴 와일리(H. Orton Wiley)의 말로 표현하면, "죄가 아닌 것을 죄로 부르면, 실제로 범죄할 가능성을 활짝 열어 놓는 것이 된다."[7] 죄의 이 '넓은' 또는 율법적 정의를 받아들이는 것은, 육체에 매인 인간은 죄의 노예 상태를 벗어날 수 없다는 주장을 받아들이지 않을 수 없게 한다. 그리고 모든 것을 죄로 만드는 것은 사실상 어떤 것도 죄로 만들지 않는 것과 다를 바 없다. 죄의 등급을 나누는 것도 불가능해지고 만다. 만약 약속을 잊어버리는 것이나, 잘못된 판단을 하는 것, 인간의 연약성도 죄라고 한다면, 그렇게 흔히 죄로 일컬어지는 것들과 거짓말, 도둑질, 부도덕함 같은 진짜 죄 사이에는 결국 아무런 질적 차이도 없게 된다. 그렇게 되면 모든 종류의 죄를 향한 문이 활짝 열리고 만다.

둘째, 그리스도인의 의식과 양심은 여기에 결정적인 질적 차이가 있다는 사실을 역설한다. 객관적 공정성이라는 법에 따라 판단하면, 약속을 잊어버린 것과 깨뜨린 것 사이에는 아무런 차이가 없다. 객관적 공정성이라

---

7   H. Orton Wiley, *Christian Theology* (Kansas City, MO: Nazarene Publishing House, 1943), II, 508.

는 법에 따라 판단하면, 무지에 의해 사실을 잘못 진술한 것과 거짓말로 잘못 진술한 것 사이에는 아무런 차이가 없다. 두 경우 모두 약속을 지키지 않았고, 또 진실이 아닌 것을 진술했다.

그러나 주관적이고 윤리적인 면에서 보면 두 경우 사이에 얼마나 큰 차이가 있는가! 약속을 잊어버린 경우와 잘 알지 못해 잘못된 진술한 경우, 후회는 하더라도 죄책감은 들지 않는다. 슬픈 일이긴 하지만 죄는 아니다. 기억에서의 실수와 무지는 유감스러운 것이고, 가능한 한 피해야 한다. 그러나 그것이 하나님과의 교제를 방해하거나, 그리스도인의 의식에 정죄를 가져오지는 않는다.

양심은 언제나 죄의 본질이 의도와 동기의 영역에 있음을 발견한다. 이 점은 어떤 의미에서도 도덕법의 실체적이고 객관적인 면을 축소시키지 않는다. 또 선의로 실수하는 것을 허가해 주지도 않는다. 그럼에도 죄가 근본적으로 선택과 의도와 목적에 관한 문제라는 사실을 알아차린다.

셋째, 이 구분이 지극히 중요한 것은 성경적이기 때문이다. 성경은 처음부터 끝까지 인간이 실수를 피할 수 없고 연약성을 지닌 존재임을 인정하면서도, 실수와 연약성을 죄와 예리하게 구분한다. 예를 들어, 그리스도께서는 우리를 죄에서 구원하시며(마 1:21), 육적인 죄에서 깨끗하게 하신다(요일 1:7). 그러나 우리의 연약함에 대해서는 동정하시고 체휼하신다(히 4:15). 이는 주님께서 우리의 내적·외적 죄를 대하시는 태도와 우리의 연약함을 대하시는 태도에 중대한 차이가 있음을 보여 준다.

다른 예를 들면, 성령께서는 죄에 대해서는 책망하시고(요 16:8), 우리를 죄성에서 자유롭게 하신다(롬 8:2). 그러나 우리의 연약함에 대해서는 우리를 도우신다(롬 8:26). 자범죄를 용서하시는 것과 죄성을 씻어 주시는 일은 순간적으로 이루어진다. 그러나 연약성은 순간적 경험으로 치료할 수 있는 것이 아니라, 우리가 삶의 전쟁터에서 매일 직면하면서 성령의 도움으로 극복하거나 더 나은 방향으로 승화시켜 나가야 하는 것이다.

하나님의 율법(도덕법)은 그 내면에 순수한 사랑과 동기를 가진 사람만이 지킬 수 있는 것이지, 그 행위가 매우 구체적이라 하더라도 외적인 행동만으로 지킬 수 있는 것이 아니다. 이것이 바울이 로마서 13장 8-10절에서 말씀한 내용의 분명한 취지다. "피차 사랑의 빚 외에는 아무에게든지 아무 빚도 지지 말라 남을 사랑하는 자는 율법을 다 이루었느니라 간음하지 말라, 살인하지 말라, 도둑질하지 말라, 탐내지 말라 한 것과 그 외에 다른 계명이 있을지라도 네 이웃을 네 자신과 같이 사랑하라 하신 그 말씀 가운데 다 들었느니라 사랑은 이웃에게 악을 행하지 아니하나니 그러므로 사랑은 율법의 완성이니라." 갈라디아서 5장 14절에도 다음과 같은 말씀이 기록되어 있다. "온 율법은 네 이웃 사랑하기를 네 자신같이 하라 하신 한 말씀에서 이루어졌나니." 예수님은 같은 진리를 마태복음 22장 37-40절에서 이렇게 말씀하셨다. "예수께서 이르시되 네 마음을 다하고 목숨을 다하고 뜻을 다하여 주 너의 하나님을 사랑하라 하셨으니 이것이 크고 첫째 되는 계명이요 둘째도 그와 같으니 네 이웃을 네 자신같이 사랑하라 하셨으니 이 두 계명이 온 율법과 선지자의 강령이니라."

V. 죄는 필연적인가

이제는 성도라도 죄를 지을 수밖에 없다는 잘못된 주장을 옹호하기 위해 그릇되게 인용되어 온 성경구절들을 간략히 검토해 보고자 한다. 그러한 구절들 대부분을 올바르게 이해하려면 우리는 무엇보다 그 전체 문맥을 잘 살펴보아야 한다.

주기도문의 "우리 죄를 사하여 주시옵고"라는 구절은 신자라도 삶에서 날마다 죄를 짓는다는 것을 주장하기 위해 흔히 인용되곤 한다. 그러나 찰스 유잉 브라운(Charles Ewing Brown)이 『구원의 의미』(*The Meaning of Salvation*)[8]에서 주장한 것처럼 주기도문은 사회적 성격을 지닌 기도문으로, 기도 내용에 죄 지은 사람들 역시 포함하고 있음을 지적하는 것으로 충분할 것이다. 그러나 우리 주님께서 이 구절과 우리가 우리에게 죄 지은 사람을 용서해야 한다는 조건을 즉시 연결 지으셨다는 사실은, 우리가 과거의 죄를 계속적으로 용서받는 것은 우리가 우리에게 죄 지은 사람들을 향해 용서하는 마음을 갖는 것을 조건으로 함을 알려 준다. 마태복음 18장 23-35절의 빚진 두 사람에 대한 비유는 그것이 확실함을 가르쳐 준다.

그리스도인이라도 삶에서 죄를 지을 수밖에 없는 필연성을 주장하기 위해 자주 인용되는 또 다른 성경구절은 로마서 7장의 마지막 부분이다. 그러나 앞서 1장에서 본 것처럼, 이는 오직 로마서 7장의 전후 문맥을 무시할

---

8   Charles Ewing Brown, *The Meaning of Salvation* (Anderson, IN: The Warner Press, 1944), 157.

때만 가능한 주장이다. 그 문맥은 누구도 부인할 수 없도록 확실하게 죄와 사망의 법에서의 구원을 말씀하고 있기 때문이다.

때때로 로마서 14장 23절의 "믿음을 따라 하지 아니하는 것은 다 죄니라"라는 말씀도 마음에서 일어나는 모든 일시적인 의심이나 의문도 죄 된 것임을 주장하기 위해 인용되곤 한다. 그러나 문맥을 아주 가볍게만 살펴보더라도, 바울은 사실상 사람이 자기 확신과 반대로 행동하는 것이 그 행동이나 실천을 죄 된 것이 되게 한다고 지적해, 죄가 윤리적 성격을 지니고 있다는 사실을 말하고 있음을 알 수 있다.

야고보서 4장 17절의 "그러므로 사람이 선을 행할 줄 알고도 행하지 아니하면 죄니라"라는 말씀은, 그 이유가 무엇이든 우리가 알고 있는 최고의 선의 기준에 조금이라도 미치지 못하는 것이 죄의 본질임을 지적하는 것이라고 대개 생각한다. 이 구절에는 행해야 함을 알고도 행하지 않는 죄에 대한 유익한 경고가 들어 있기 때문이다. 즉, 하나님께서 명령하신 것을 행하기를 거부하는 것은, 하나님이 금하신 것을 행하는 것만큼이나 죄가 된다. 그러나 이 구절 맨 앞의 "그러므로"라는 말이 가리키는 사실은 이 말씀이 문맥과 밀접한 연관성이 있다는 점이다. 그 문맥이 경고하는 내용은, 우리는 우리가 세우는 모든 계획 속에서 하나님의 뜻이 무엇인지를 고려해야 한다는 것이다. 이 문맥에서 죄는 그렇게 하지 않는 것을 의미한다.

신자라도 죄를 지을 수밖에 없다고 주장하는 사람들은, 다른 모든 구절도 문맥에서 바르게 해석하는 일에 실패하는데, 이는 요한1서 1장 10절에서도 마찬가지다. 그들은 이 구절을 "만일 우리가 계속 죄를 짓지는 않는다고 하면 하나님을 거짓말하는 이로 만드는 것이니 또한 그의 말씀이 우리 속에 있지 아니하니라"로 읽는다. 그러나 성경이 실제로 말씀하는 것은 이것이다. "만일 우리가 범죄하지 아니하였다 하면 하나님을 거짓말하는 이로 만드는 것이니." 어떤 그리스도인도 자신이 죄를 지었다는 사실을 부인하지 않는다. 그리스도인이 자신이 구원받았다는 사실을 고백할 때는 그리스도로 인해 자신이 실제로 범하던 죄에서 벗어났음을 말하는 것이다. 모든 사람은 용서받아야 할 죄를 지었고, 씻음 받아야 할 불의가 있었다. 그러나 이 말씀에 용서받고 씻음 받은 사람이라도 계속 죄를 지을 수밖에 없다는 의미는 조금도 들어 있지 않다.

요한 자신은 신약성경에서 이런 주장을 가장 분명하게 반대한 사람이다. 그럼에도 그가 신자가 죄 짓는 것을 허가해 준 사람으로 그렇게 자주 인용되어 왔다는 사실은 정말 믿기 힘들 정도다. 요한은 요한1서에서 우리가 이미 인용한 강력한 구절에 덧붙여 다음과 같이 말한다 "만일 우리가 하나님과 사귐이 있다 하고 어둠에 행하면 거짓말을 하고 진리를 행하지 아니함이거니와"(1:6). "그를 아노라 하고 그의 계명을 지키지 아니하는 자는 거짓말하는 자요 진리가 그 속에 있지 아니하되"(2:4). "빛 가운데 있다 하면서 그 형제를 미워하는 자는 지금까지 어둠에 있는 자요"(2:9). "그 형제를 미워하는 자마다 살인하는 자니 살인하는 자마다 영생이 그 속에 거하지 아니하는 것을 너희가 아는 바라"(3:15). "하나님께로부터 난 자는 다 범죄하지 아니하는 줄을 우리가 아노라 하나님께로부터 나신 자가 그를 지키시매 악한 자가 그를 만지지도 못하느니라"(5:18).

4장 성결과 그 징표

우리가 고찰할 네 번째 주제는 성령의 은사에 관해 광범위하게 유포된 주장에 관한 것으로, 성령의 은사가 성령 세례 받았음을 알려 주는 개연성 있는 징표로서 그리스도인의 삶과 어떤 관계가 있는가 하는 것이다. 신약성경에는 성령의 은사에 관한 일련의 중요한 가르침이 있다. 또 이 은사를 실제로 사용했음을 보여 주는 많은 예도 있다. 이러한 내용은 이 은사들 중 하나 이상을 성령 세례의 외적 증거로 여기는 현대의 주장들을 뒷받침하는 성경적 배경이 된다.

이 주제에 관해 논의하기 위해 우리는 랄프 M. 리그스(Ralph M. Riggs)의 『성령께서 친히』(*The Spirit Himself*)[1]라는 책을 주된 원천 자료로 참고할 것이다. 이 책은 여러모로 찬사받을 만한데, 무엇보다 내용이 분명하고, 절제되어 있으며, 관련 근거를 충분히 제시하고 있다. 리그스는 서문에서 책의 저술 목적을 다음과 같이 말한다.

> 오순절 운동 사역자들은 최근에 자신들에게 전해진 진리를 설교하는 일에 너무나 바쁜 나머지, '우리 중에 이루어진 사실'에 대해 체계적으로 저술한 사람이 많지 않았다. 지금 우리의 성경 학원들, 성경 대학들에는 기독교 교리 중 특히 우리 교단만의 특징적 교리를 배워야 할 수천 명의 학생이 있다. 사역자들 역시 우리만이 가진 특별한 증거에 대해 더 많은 자료를 필요로 한다.[2]

---

1   Ralph M. Riggs, *The Spirit Himself* (Springfield, MO: The Gospel Publishing House, 1949).

2   같은 책, 서문, v.

이 서문에 따르면 우리는 이 책을, 가장 많은 신자를 가진 복음주의 기독교 교단 중 성령 세례의 징표 이론을 믿고 가르치는 교단의 입장을 매우 명확히 설명하는 책으로 여겨도 좋을 듯하다. 이 저자의 신학적 입장과 저술 목적은 이러한 확신이 틀리지 않았음을 보여 준다.

I. 성령 세례와 완전 성화의 관계

우리는 먼저 신약성경에서 성령 세례와 웨슬리안의 완전 성화 교리 사이의 관계를 살펴보고자 한다. 사람들은 종종 이 두 주제를 서로 분리해 왔다. 심지어 존 웨슬리조차도 성령의 이 두 가지 작용이 동일한 것일 가능성을 중요하게 생각하지 않은 것으로 알려져 왔다.[3] 오늘날에는 성령으로 (또는 많은 사람이 선호하는 표현인 성령 '안에서') 세례 받는 것의 중요성을 강조하는 많은 사람이 성령 세례의 의미를 죄에서의 구원 문제와 연결 지어서는 거의 설명하지 않고 있다.

그러나 우리는 신약성경이 성령 세례와 완전 성화를 그리스도인의 마음에서 이루어지는 하나님의 동일한 은혜 사역의 두 가지 양상으로 여길 만한 충분한 근거를 제공하고 있다고 확신한다. 여기에는 다섯 가지 중요한 이유가 있다.

---

3   이 같은 주장의 사례는 Brown, *The Meaning of Sanctification*, 114–15에서 볼 수 있다.

1. 성령 세례와 완전 성화는 모두 오직 구원받은 신자만 받을 수 있다

성령 세례와 완전 성화는 같은 종류의 사람들, 즉 이미 회심한 사람들만 받는 것이다. 리그스는 책 전체에서 두 장(chapter)[4]을 할애해 이 사실을 설명하면서 "비록 모든 신자가 이미 성령을 받았지만, 그럼에도 여전히 거기서 더 나아가 성령으로 충만하게 되거나 성령의 세례를 받아야 한다"[5]고 바르게 주장한다. 그는 무디성경학원의 교장 R. A. 토레이(R. A. Torrey)의 허락을 받아 그의 말을 다음과 같이 인용한다.

> 성령 세례가 성령의 거듭나게 하시는 사역과 구별되는, 그 위에 더해지는 성령의 역사라는 사실은 분명하다. … 사람은 성령으로 거듭나고도 여전히 성령 세례를 받지 않은 상태일 수 있다. 중생 때는 성령의 능력으로 새로운 생명이 분여되는데, 그것을 받은 사람은 구원을 받는다. 그런가 하면 성령 세례 시에는 성령의 능력이 분여되는데, 이를 받은 사람은 사역을 위해 적합하게 준비된다.[6]

부정적으로 말하면, 불신자가 성령 세례를 받거나 성령으로 충만하게 된 사례, 또는 그런 약속은 신약성경 어디에도 없다. 긍정적으로 말하면, 사람이 성령으로 충만하게 되거나 성령 세례를 받을 것이라는 약속 또는 실제로 그렇게 된 사례는 모두 그들이 이미 중생한 사람이라는 분명한 증거와 함께 나타난다.

4　Riggs, *The Spirit Himself*, 7장과 8장.
5　같은 책, 47.
6　같은 책, 47-48. 토레이의 *The Person and Work of the Holy Spirit*, 174, 176에서 인용함.

이와 유사하게, 신약성경은 이미 거듭난 사람만이 성결하게 하시는 성령의 충만함을 경험한다는 사실 역시 분명하게 보여 준다. 예수님은 하나님께서 제자들을 진리로 거룩하게 하시기를 간절히 바라며 드린 대제사장적 기도(요 17장)에서 "내가 비옵는 것은 세상을 위함이 아니요 내게 주신 자들을 위함이니이다 그들은 아버지의 것이로소이다"(9절), "내가 비옵는 것은 이 사람들만 위함이 아니요 또 그들의 말로 말미암아 나를 믿는 사람들도 위함이니"(20절)라고 분명하게 말씀하신다. 사도 바울이 데살로니가 사람들에게 "평강의 하나님이 친히 너희를 온전히 거룩하게 하시고 또 너희의 온 영과 혼과 몸이 우리 주 예수 그리스도께서 강림하실 때에 흠 없게 보전되기를 원하노라"(살전 5:23)라는 내용의 편지를 보냈을 때, 그들이 이미 하나님의 은혜 안에 있다는 사실 자체에 대해서는 어떤 의구심도 없었다.

오직 참된 신자만이 온전히 성화될 수 있다는 기본적인 가정은, 신약성경의 모든 서신이 교회로 지칭되거나 이미 거듭난 것으로 여겨지는 사람들을 대상으로 쓰였다는 사실을 통해서도 입증된다. 그렇다면 신약성경에서 볼 수 있는 성화, 성결, 마음과 삶이 정결하게 되는 것에 관한 권고와 훈계의 대부분은 분명 이미 거듭난 사람의 특권과 책임에 관한 말씀임이 틀림없다.

2. 성령 세례와 완전 성화는 모두 같은 성령의 사역이다

성령 세례와 완전 성화는 모두 같은 분 곧 하나님의 성령에 의해 이루어진다. 성령 세례의 경우 이 사실은 이름 그 자체에서 숨길 수 없이 드러난다. 성령으로 거듭나는 것이 하나의 사건이라면, 성령으로 세례를 받는 것은 시간적으로 그 이후에 이루어지는 또 다른 경험이다. 그러나 두 경우 모두 그 일을 이루시는 분은 삼위일체의 제3위이신 하나님의 성령이시다.

중생하게 하시는 그 동일한 성령께서 성결하게도 하신다. 예를 들어, 베드로전서 1장 2절의 "하나님 아버지의 미리 아심을 따라 성령이 거룩하게 하심으로 순종함과 예수 그리스도의 피 뿌림을 얻기 위하여"라는 구절이나, 데살로니가후서 2장 13절의 "주께서 사랑하시는 형제들아 우리가 항상 너희에 관하여 마땅히 하나님께 감사할 것은 하나님이 처음부터 너희를 택하사 성령의 거룩하게 하심과 진리를 믿음으로 구원을 받게 하심이니"라는 구절을 숙고해 보라.

3. 성령 세례와 완전 성화는 모두 동일한 조건 하에서 주어진다

성경은 성령 세례와 완전 성화 모두 동일한 조건을 요구한다고 말씀한다. "성령 세례, 어떻게 받는가?"라는 제목의 장[7]에서 리그스는 성령을 충만히 받는 데 필요한 네 가지 주요 조건을 제시한다.

첫째, 자신이 구원받았다는 의식이 반드시 있어야 한다. 리그스의 말을 인용해 보자. "우리는 우리가 이미 알고 있는, 성령께서 우리 영과 더불어 우리가 하나님 자녀임을 증거해 주시는 그런 구원을 위해 하나님께 기도해야 한다."[8]

둘째, 하나님께 순종하되 '전적으로 순복'해야 한다. "우리는 이 일에 증

---

7   Riggs, *The Spirit Himself*, 8장.
8   같은 책, 102.

인이요 하나님이 자기에게 순종하는 사람들에게 주신 성령도 그러하니라"(행 5:32).

셋째, 기도로 끊임없이 구해야 한다. "하물며 너희 하늘 아버지께서 구하는 자에게 성령을 주시지 않겠느냐"(눅 11:13).

마지막으로, 믿음을 가져야 한다. 이 믿음은 하나님의 선물이다. 리그스는 다음과 같이 말한다. "성령은 하나님께서 보내신 은혜롭고 영광스러운 선물이다. 우리는 믿음으로, 오직 믿음으로만 성령을 받는다. 우리에게는 반드시 들어가야 할 '믿음의 안식'이 있다. '이미 그의 안식에 들어간 자는 하나님이 자기의 일을 쉬심과 같이 그도 자기의 일을 쉬느니라'(히 4:10)."[9]

이 네 조건은 그리스도인이 성결을 체험하기 위한 조건과 정확히 일치한다. 첫째, 성결을 추구하는 사람은 먼저 자신이 하나님에게서 난 자라는 의식이 있어야 한다. 에베소서 4장 20-24절은 참된 성결은 이미 그리스도를 배웠고 또 그리스도께 가르침 받은 사람만의 특권임을 분명히 보여 준다. "오직 너희는 그리스도를 그같이 배우지 아니하였느니라 진리가 예수 안에 있는 것같이 너희가 참으로 그에게서 듣고 또한 그 안에서 가르침을 받았을진대 너희는 유혹의 욕심을 따라 썩어져 가는 구습을 따르는 옛 사람을 벗어 버리고 오직 너희의 심령이 새롭게 되어 하나님을 따라 의와 진리의 거룩함으로 지으심을 받은 새 사람을 입으라."

둘째, 우리 자신을 하나님께 성별하여 하나님의 뜻에 전적으로 순복해야 한다. "너희 자신을 죽은 자 가운데서 다시 살아난 자같이 하나님께 드리

---

9   같은 책, 106.

며 너희 지체를 의의 무기로 하나님께 드리라 … 이제는 너희 지체를 의에게 종으로 내주어 거룩함에 이르라"(롬 6:13, 19).

셋째, 마음이 성결하게 되는 은혜에 들어가려면 간절한 기도가 있어야 한다. 야고보는 하나님께서 "더욱 큰 은혜를 주시나니"(약 4:6)라고 강조하면서 "죄인들아 손을 깨끗이 하라 두 마음을 품은 자들아 마음을 성결하게 하라"(약 4:8)라고 권고한 야고보서 4장에서, 영적 결함의 원인을 "너희가 얻지 못함은 구하지 아니하기 때문"(약 4:2)이라고 설명한다.

마지막으로, 신자가 온전히 성화되려면 믿음으로 하나님의 약속을 붙들어야 한다. 예수님께서는 이방인에게 복음을 전할 사명을 맡기시면서 바울에게 이렇게 말씀하셨다. "죄 사함과 나를 믿어 거룩하게 된 무리 가운데서 기업을 얻게 하리라"(행 26:18). 다른 모든 곳에서와 같이 히브리서도 "믿음이 없이는 하나님을 기쁘시게 하지 못하나니 하나님께 나아가는 자는 반드시 그가 계신 것과 또한 그가 자기를 찾는 자들에게 상 주시는 이심을 믿어야 할지니라"(히 11:6)라는 말씀으로 믿음을 강조한다.

4. 성령 세례와 완전 성화는 동일한 결과를 가져온다

성령 세례와 성경적 성결은 동일한 결과를 가져온다. 리그스는 성령 세례가 마음속 본성으로서의 죄와 어떤 관계인지를 명쾌하게 다루지는 않으나, 성령께서 삶 속의 죄를 꾸짖으신다는 사실을 지적하면서 이렇게 말한다. "성령에 의해 신자는 또한 죄를 이기는 삶을 살 수 있게 된다. 따라서 성결을 이루시는 것은 삼위일체 중 한 분이신 성령의 사역의 현저한 특징이다."[10] 그는 '성결의 영'이라는 이름의 의미를 다음과 같이 설명한다.

> 성결의 영은 심판의 영으로서 모든 잘못된 것을 드러내고 정죄하시며, 성령의 불로 그것을 정화시키신다. 성령의 이러한 사역은 신자에게 그리 유쾌하지는 않지만, 하나님의 계획을 이루어가는 데 매우 중요하다. 어린양의 신부는 '티나 주름 잡힌 것이나 이런 것들이 없는' 영광스러운 교회다(엡 5:27). 따라서 성령은 물로 씻어 말씀으로 교회를 깨끗하게 하기 위해 분주히 일하신다. 성령으로 충만하게 된다는 것은, 성령께서 우리의 본성과 영의 모든 깨끗하지 못한 것을 드러내고 정죄하며 멸하시는 것을 의미한다.[11]

사도행전에 의하면 성령 세례는 그것을 받은 사람들의 마음을 정결하게 한 것이 분명하다. 베드로는 사도행전 15장 8-9절에서 성령의 강림이 "믿음으로 그들의 마음을 깨끗이" 하는 결과를 가져왔다고 증언한다.

마찬가지로, 완전 성화는 마음을 정결하게 하거나 씻는 것이다. 에베소서 5장 25-27절은 그리스도께서 교회를 사랑하셔서서 깨끗하게 씻어 거룩하게 하시고 흠이 없이 성결하게 하시고자 자신을 주셨다고 말씀한다. 우리는 사도행전 15장 9절의 "깨끗이 하사"로 번역된 용어와 에베소서 5장 26절의 "깨끗하게 하사"로 번역된 용어가, 원문에서는 동일한 용어라는 사실에 특히 주의를 기울일 필요가 있다. 그렇다면 이 두 구절은 성령 세례와 교회의 성결을 같은 것으로 동일시하고 있는 것이다. 둘 다 마음을 깨끗하게 또는 정결하게 하는 것과 동일시된다.

---

10 같은 책, 10.
11 같은 책, 23.

5. 성령 세례와 완전 성화는 용어의 근본적 의미가 유사하다

마지막으로 우리는 '세례'와 '성결'이라는 말이 다른 모든 근본적인 의미 중에 특히 불결한 것에서 씻어 깨끗하게 함으로 거룩하게 한다는 동일한 의미를 지닌다는 사실에 주목해야 한다. 세례를 준다는 것은 물에 담그다, 씻다, 깨끗하게 한다는 것이다. 성결하게 한다는 것은 모든 더러움에서 씻어 거룩하게 한다는 것이다.

요약하면, 성령 세례와 완전 성화는 결국 동일한 하나님의 은혜의 사역의 두 가지 양상인 것이다. 성결한 마음은 성령으로 세례를 받은 것이고, 성령으로 세례를 받은 신자는 온전히 성화된다. 성령 세례는 하나님께서 신자의 마음을 온전히 성화시키시는 수단이다. 이 점은 성령 세례와 완전 성화 모두가 동일한 종류의 사람에게, 동일한 분에 의해, 동일한 조건에서 이루어지고, 동일한 결과를 가져올 뿐 아니라, 용어 자체의 근본적인 의미마저도 유사하다는 사실을 통해 확실히 입증된다.

지금까지 살펴본 내용은 그리스도인의 삶에 두 가지 매우 실제적인 의미를 지닌다. 첫째로, 성령 세례가 완전 성화를 뒤따르는 '세 번째 축복'이라는 주장을 단호히 거부하게 한다. 성령의 충만함 없이는 어떤 온전한 거룩함도 불가능하기 때문이다. 둘째로, 성령 세례가 그리스도인의 삶에 단지 능력만 부여하기 위한 것이 아니라, 신자의 도덕적 본성을 모든 부패에서 정결하게 하기 위한 것이기도 함을 보여 준다. 성령의 능력이란 신자가 일관된 삶으로 뒷받침하면서 진리를 확고히 증거하는 능력이다(행 1:8). 거룩함에는 능력이 있다. 그리고 거룩함이 바로 능력이다(행 3:12).

II. 성령 세례의 증거

이제 우리는 웨슬리안 전통이 가르치는 완전 성화 교리에 가장 분명하게 도전을 제기하고 있다고 생각하는 성령 세례 교리의 한 부분을 살펴볼 것이다. 그것은 성령 세례는 언제나 그리고 반드시 최초의 물리적 징표나 증거로 입증된다는 주장이다.

리그스는 "삶에서 하나님과의 친밀함을 누리는 것과 성령 안에서 능력 있게 행하는 것이 성령으로 충만하게 되었음을 입증하는 최고의 증거"[12]라는 사실에 동의한다. 그러나 그는 즉시 다음과 같은 말을 덧붙인다.

> 지금 우리가 다루는 문제는 성령 세례를 처음 받을 때의 경험과 이 경험에 대한 증거가 되는 외적인 물리적 징표에 관한 것이다. 성령으로 충만한 삶은 그리스도인에게 매우 중요하기에 하나님께서는 신자가 이 경험에 들어섰는지 아닌지를 분명히 알 수 있게 만드셨다. 하나님께서는 사람에게 성령 세례를 받은 것에 대한 물리적이고 청각적인 증거를 주셨기 때문에, 이 문제에서는 단지 "내가 받았기를 바란다"고 모호하게 말하거나, 받지 않고도 받은 것으로 속을 필요가 없게 하셨다.[13]

신자가 성령 충만을 받았을 때는 스스로 분명히 알 수 있기 때문에, 단지 "내가 받았기를 바란다"고 모호하게 말하거나, 받지 않고도 받은 것으로 속을 필요가 없게 하셨다는 주장에 우리는 기꺼이 동의한다. 문제가 되는

---

12   같은 책, 84.
13   같은 책, 84–85.

것은 성령 충만에 대한 증거가 어떤 것이며, 그것이 언제나 물리적이고 청각적인 증거인가 하는 것이다.

리그스는 구약성경에서 성령을 받은 것에 대한 물리적이고 청각적인 증거는 예언이라고 생각한다.[14] 하지만 오순절에 나타난 물리적이고 청각적인 증거는 "신자들로 다양하고 많은 각기 '다른' 방언으로 말하게 하신 하나님의 능력"이라고 단언한다. 그는 다음과 같이 말한다.

> 오순절 그날 대략 15개 정도의 서로 다른 국적을 가진 사람들이 함께하고 있었다. 성령으로 충만해 각기 다른 방언을 말한 120명의 제자는 15개 언어 모두를 사용했고, 그곳에 있었던 15개 국적의 사람들은 그것을 알아들었다.[15]

리그스가 오순절에 사용되었다는 15개의 언어를 오늘날 오순절 교단에서 나타나는 신령한 언어의 형태[16]로 바꾸어 설명하는 과정에는 이해하기 힘든 요소가 있다. 그가 사도행전에서 방언을 말한 사건을 언급한 후, "따라서 오늘날 성령 안에서 세례를 받는 모든 사람도 방언을 말합니다"[17]라고 결론 내리기 때문이다.

이 문제의 표면에는 리그스가 제대로 분별해 내지 못한 한 가지 문제가 있다. 방언의 은사는 성령 세례의 외적이고 청각적인 증거이며, 성령 세례를 받은 사람은 누구나 방언을 말한다고 하는, 우리가 방금 인용한 문구의 다음 장(chapter)에서 리그스는, 현대 기독교 내에서 성령 세례를 받은 사람

---

14   같은 책, 85-86.
15   같은 책, 86.
16   열광적 상태에서의 방언은 대부분 듣는 사람이 이해할 수 있는 언어가 아니다.
17   Riggs, *The Spirit Himself*, 89.

들의 사례로 웨슬리, 고든(Gorden), 피니(Finney), 무디를 언급한다. 그러나 이들 중 누구도 성령 세례를 받을 때든 그 이후든 자신들이 모르는 방언을 말한 적이 있다는 증거는 전혀 존재하지 않는다.

1830년 무렵 스코틀랜드에서 있었던 메리 캠벨(Mary Campbell)의 사역과 잉글랜드에서의 에드워드 어빙(Edward Irving)의 사역을 통해 현대 오순절 운동이 시작되기까지, 잘 알지 못하는 방언으로 말한 사례는 비정통적 교리로 악명이 높거나 몹시 부도덕한 기독교 종파에만 있었다.

예를 들어, 몬타누스주의자들(Montanists)은 알려지지 않은 방언으로 말하기를 실천했던 2세기의 한 기독교 분파인데, 그들은 이런 은사가 신약 성경 시대에 고린도에서 시작된 것으로 보았다. 그러나 교회는 이들을 이단으로 낙인찍었다. 성령 시대가 그리스도와 사도들의 시대보다 우월하다고 주장했기 때문이다.

포르루아얄의 얀센주의자들(Jansenists)과 '경련주의자들'(Convulsionaries)로 알려진 그 후손들 역시 방언을 말했다. 이들은 개신교 종교개혁 초기에는 프랑스 가톨릭교도들이었는데, 결국 그들이 행한 부도덕한 행위로 인해 행정당국의 탄압을 받았다.

초기 영성가들 역시 알려지지 않은 방언을 말했다. 그중 한 사람인 제네바의 메리 스미스(Mary Smith)는 자신이 화성의 언어를 말한다고 주장했다. 그가 한 이상한 말을 받아적어 분석한 학자들은 그 말이 주로 불어와 독일어에 일부 동양의 용어가 뒤섞인 소리의 복합체라는 사실을 발견했다.

미국에서는 '셰이커교도들'(Shakers)이 방언을 말했다. 셰이크교는 앤리(Ann Lee)가 만든 종파로, 그 추종자들은 그를 '마더 앤'(Mother Ann)으로 불렀다. 그녀는 자신을 '말씀이신 앤'(Ann the Word)으로 불러야 한다면서 터무니없는 신성을 주장했다. 폭력성과 부도덕성이 공식 기록에 남아 있을 정도로 문제를 일으킨 초기 몰몬교도들 역시 알려지지 않은 방언을 말했다.

이러한 일들을 언급한 것은, 정통적이고 복음적인 그리스도인들이 오늘날 알려지지 않은 방언을 말하는 현상에 관해 무엇인가를 입증하기 위해서가 아니라, 오순절주의자들이 직시해야 할 논리적 문제점을 말하기 위해서다. 앞에서 언급한 이단 종파의 방언 말하기를 추구했던 사람들을 성령 세례 받은 기독교인들로 이루어진 역사적 기독교의 표본으로 삼아야 한다는 주장은 동의하기 힘들다. 그들은 방언을 말했지만 웨슬리, 횟필드, 에드워즈, 피니, 무디 같은 사람은 그렇게 하지 않았다. 만약 현대 오순절주의 이전에 방언을 말한 사례가 가짜 '은사'를 행했던 이단들 중에서만 발견되었다면, 또 만약 방언이 유일하고도 확실한 성령 세례의 증거라면, 사도 시대부터 18세기를 거쳐 현대 오순절주의에 이르기까지 누구도 성령 세례를 받지 못했다는 것이 된다. 이는 결코 믿기 힘든 주장이다.

[나사렛 신학자인 저자가 방언에 대해 부정적으로 묘사한 것으로 인해 혹 웨슬리와 웨슬리안 모두가 동일한 시각을 가진 것으로 오해하기 쉽다. 그러나 저자와 달리 웨슬리는 예언, 신유, 방언, 통변 등 초자연적 은사가 교회사에서 끊이지 않고 늘 존재해 왔음을 인

정했다. 저자 퍼카이저 박사가 활동하던 시대에도, 방언의 은사를 받았을 뿐 아니라 방언을 포함하는 초자연적 은사들에 대해 긍정적으로 가르친 많은 웨슬리안이 있었다. 그럼에도 성결운동의 뿌리에서 생겨난 오순절주의, 은사주의 등이 점점 성결보다 은사를 강조하게 되면서 두 그룹은 분리의 과정을 거쳤다. 성결운동 그룹 내에 은사를 지나치게 강조하는 경향에 반대하는 성결운동가들이 생겨난 것은, 성결보다 은사를 강조한 것에 대한 반작용인 셈이다. 이로 인해 성결운동가 대다수는 은사를 인정하되 성결을 더 강조했지만, 소수는 방언과 같은 일부 은사에 대해 부정적인 시각을 갖게 되었다. 퍼카이저 박사는 후자에 속하는 것으로 보인다. 그러나 그의 입장과 달리 웨슬리와 웨슬리안 전통은 전반적으로 방언을 포함해 초자연적 은사에 대해 긍정적이었다. 참고로 아래 문단부터 100페이지까지의 글은, 방언을 포함하는 여러 초자연적 은사에 대해 성도들이 어떤 태도를 갖는 것이 마땅한지에 대해 웨슬리가 일지에 기록한 내용을 옮겨온 것이다 – 역주].

1759년 8월 6일, 월요일

여러 차례 입신한 적 있는 안 쏜(Ann Thorn) 및 그 외 두 사람과 이야기를 나누었다. 그들이 모두 일치한 점은, 1. 그들의 표현대로, 그들이 몸 밖으로 나갔을 때는 언제나 하나님의 사랑으로 충만했을 때였고, 2. 그 일이 예고 없이 한 순간에 갑자기 찾아오면 그들은 모든 감각과 힘을 잃었으며, 3. 예외는 있지만 대체로 그 순간부터 그들은 다른 세계에 있기 때문에 주변 사람들이 어떤 행동을 하고 어떤 말을 하는지 전혀 알지 못한다는 것이다.

오후 5시 쯤 나는 그들이 찬송 부르는 것을 들었다. 얼마 후 B씨가 올라와서 (15살인) 알리스 밀러(Alice Miller)가 입신 상태에 들어갔다고 말해주었다. 나는 즉시 내려가 그녀가 등받이 없는 의

자에 앉아 벽에 기대어 눈을 뜨고 위를 쳐다보는 모습을 보았다. 나는 때리는 시늉을 해보았으나 두 눈은 전혀 미동하지 않았다. 그녀의 얼굴은 경외감과 사랑이 어우러진 말로 다 표현할 수 없는 모습이었고, 아무 말도 없이 양 볼에 눈물이 흘러내렸다. 그녀의 입술은 조금 열려있었고, 가끔씩 움직였으나 아무런 소리도 내지 않았다. 나는 그렇게 아름다운 사람의 얼굴을 본 적이 없었다. 때때로는 얼굴에 기쁨과 사랑과 경외심이 어우러진 미소가 나타났고, 눈물방울은 빠르지는 않지만 연신 흘러내렸다. 그녀의 맥박은 매우 규칙적이었다. 30분쯤 지나자 그녀의 모습이 두려움과 연민과 고통으로 변하는 것을 보았다. 그러다가 그녀는 갑자기 눈물을 쏟으면서 "사랑하는 주님, 그들은 저주를 받을 것입니다! 그들은 모두 저주를 받을 것입니다!"라고 소리쳤다. 그러나 5분쯤 지나자 그녀는 다시 미소를 지었고 오직 사랑과 기쁨만 얼굴에 나타났다. 6시 반쯤 다시 고통이 시작되더니 그녀는 비통하게 울면서 "사랑하는 주님, 그들은 지옥에 갈 것입니다! 세상은 지옥에 갈 것입니다!"라고 소리쳤다. 잠시 후 그녀는 "크게 외치라! 목소리를 아끼지 말라!"(사 58:1)라고 하였다. 몇 분 후 그녀의 모습은 또다시 진정되고 그녀는 경외와 기쁨과 사랑의 말들을 하였다. 그러다가 그녀는 "하나님께 영광을 돌리라"며 크게 외쳤다. 7시쯤 그녀의 감각이 뇌돌아왔다. 나는 그녀에게 "네가 어디에 있었니?"라고 물었다. "저는 구세주이신 주님과 함께 있었습니다." "하늘에 있었니, 아니면 땅에 있었니?" "모르겠습니다. 그렇지만, 저는 영광 중에 있었습니다." "너는 왜 울었니?" "저 자신을 위해서가 아니라 세상을 위해 울었습니다. 그들이 지옥의 가장자리에 있는 것을 보았기 때문입니다." "너는 누가 하나님께 영광을 돌리기를 원했니?" "세상을 향하여 크게 외치는 목회자들입니다. 그렇게 하지 않으면 그들은 교만해져서 하나님은 그들을 버리실 것이고, 자기 영혼마저

잃게 될 것이기 때문입니다.”

8시부터 “악인들이 지옥으로 돌아감이여 하나님을 잊어버린 모든 이방 나라들이 그리하리로다”(시 9:17)라는 말씀으로 설교했다. 회중 전체가 진지하게 경청했다. 울부짖는 사람은 한 두 사람 정도였고, 내가 본 바로는 그 때와 아침 모두 쓰러진 사람이 아무도 없었다. 나는 대체로 하나님의 일반적인 사역이 시작될 때 이러한 외적인 징후들이 다소 나타나는 것을 목격해왔다. 뉴잉글랜드, 스코틀랜드, 네덜란드, 아일랜드, 그리고 영국의 많은 곳에서 그랬다. 그러나 어느 정도 시간이 지나면 이러한 징후들은 점차 줄어들고 하나님의 역사는 보다 고요하고 조용하게 지속된다. 하나님께서 당신의 역사에 사용하기를 기뻐하시는 사람들은 이러한 징후들에 대해 매우 수동적이어야 한다. 그들 자신은 어떤 것도 선택하면 안 되고, 하나님께서 역사하시는 모든 상황에서 모든 것을 오직 하나님께 맡겨야 한다.

1759년 11월 25일, 주일

내 건강상태가 혼자서 기도문을 읽고 설교하고 많은 사람에게 성찬을 집례하기에 충분할지 걱정됐지만, 모든 것이 잘 이루어졌다. 힉스 씨는 더 일찍 자기 교회 예배를 시작해 내가 설교를 마치기 전 이곳으로 왔다. 우리는 예배를 두 시 전에 끝냈고, 나는 저녁 예배 전에 잠시 휴식을 취했다.

오후에는 하나님께서 강하게 임재하셨다. 죄를 깨닫게 하시는 것보다는 위로하시는 은혜가 있었다. 그러나 하나님께서 역사하시는 방법이 내가 전에 이곳에서 경험한 것과 전혀 달랐음을 알 수 있었다. 이제는 아무도 입신에 들어가거나 울부짖거나 넘어지거나 경련을 일으키지 않는다. 단지 일부만 강하게 떨었고, 작게 중얼거리는 소리가 들렸고, 많은 사람이 큰 평화 속에서 새롭게 되었다.

위험한 태도는 고함이나, 경련, 환상, 입신 같은 특이한 현상들을 지나치게 중시한 나머지 마치 그것들이 내적인 역사에 필수적인 것처럼 생각하여 그런 것들이 없으면 내적인 역사가 더 이상 일어나지 않는다고 생각하는 것이다. 또 다른 위험한 태도는 그러한 현상들을 지나치게 경시하여 그러한 역사 전부를 정죄하고, 그것들이 하나님과 아무런 관계가 없고 오히려 하나님의 역사에 방해가 된다고 생각하는 것이다. 반면에 진리는 다음과 같이 정리할 수 있다.

1. 하나님께서는 급작스럽고 강하게 많은 타락한 죄인들로 죄를 깨닫게 하신다. 그 자연적인 결과가 갑작스런 고함소리를 지르는 것과 몸에 강한 경련이 일어나는 것이다.

2. 하나님께서는 믿는 사람들을 고무하고 북돋우며 하나님의 역사를 보다 분명히 나타내시기 위해 어떤 사람에게는 신비한 꿈을 꾸게 하시고, 다른 사람에게는 진동과 환상을 주신다.

3. 어떤 경우에는 얼마간의 시간이 지나면 자연적인 현상이 은혜의 현상과 뒤섞이기도 한다.

4. 사탄은 이러한 하나님의 역사를 흉내 내어 이 모든 일들에 대해 불신을 심어준다.

그렇다고 특이한 현상과 관련된 일들을 단념해버리는 것은, 결국에는 하나님의 역사 전부를 포기하는 것과 같이 어리석은 일이다. 처음에 이런 일들은 분명히 전적으로 하나님의 은혜의 역사였다. 아직도 부분적으로는 그렇다. 그리고 하나님께서는 우리가 이 일이 순수한 것인지, 아니면 어디에서 불순한 것이 뒤섞이고 타락하게 되었는지 분별할 수 있도록 능력을 주실 것이다.

어떤 경우에는 이러한 일들에 위선이 뒤섞여, 사람들이 보거나 느끼지도 않는데 그런 척 하고 하나님의 영에 압도되어 울부짖고 경련을 일으키는 사람을 흉내 낸다고 가정해 보자. 그렇더라도 그것이 우리가 참된 성령의 역사를 부인하거나 평가절하할 정당한 이유가 될 수는 없다. 그림자는 실체에 해를 끼칠 수 없고, 위조 다이아몬드가 있다 해서 진짜 다이아몬드의 가치가 떨어지지 않는다.

우리는 사탄이 환상을 본 사람들을 교만하게 한다고 생각할 수도 있다. 그렇다 해서 거기서 다른 어떤 교훈을 이끌어낼 수 있는가? 그렇게 되는 것을 조심해야 한다는 것, 그리고 모든 사람에게 하나님은 겸손한 사랑을 귀히 보시므로 자신을 낮추어야 함을 부지런히 권면해야 한다는 것 외에 어떤 것도 아니다. 그런데도 환상이라면 무조건 무시하거나 비난하는 것은 비이성적이기도 하고, 비기독교적이기도 하다 [웨슬리 일지].

III. 방언이 성령 세례의 징표인가

앞에서 말한 내용은 비록 중요하지만 결정적이지는 않다. 복음적 그리스도인에게 모든 가르침에 대한 가장 중요한 판단 근거는 언제나 하나님의 말씀과 일치하는지의 여부이기 때문이다. 그러므로 이제는 이 중요한 문제에 관해 하나님의 말씀의 조명을 구해 보자.

첫째, 우리는 하나님께서 성령의 은사를 주시는 것이 징표를 주시기 위함이라는 주장에 대해 주의할 필요가 있다. 리그스가 주장하는 바가 그것이다. 그는 예수님께서 "행하는 그 일로 말미암아 나를 믿으라"(요 14:11), "믿는 자들에게는 이런 표적이 따르리니"(막 16:17)라고 말씀하신 것과, 히브리서 2장 4절의 "하나님도 표적들과 기사들과 여러 가지 능력과 및 자기의 뜻을 따라 성령이 나누어 주신 것으로써 그들과 함께 증언하셨느니라"라는 말씀을 인용하면서, "성령의 은사들이 징표를 주기 위한 것이라는 점은, 그것들이 오늘날에도 필요하며 오늘 우리도 받을 수 있다는 사실을 입증한다"[18]고 주장한다.

또 오순절에 예루살렘에 모인 군중에 대해 이렇게 진술한다. "그들은 제자들이 성령으로 충만케 되어 성령의 말하게 하심으로 다른 방언으로 말할 때 우연히 그것을 듣게 되었다. 이런 경우 방언은 불신자들에게 가장 설득력 있는 징표가 되었다. 방언은 '징표'로 주어진 것이기 때문에, 그 이후로도 이런 일은 자주 있었다."[19]

신약성경의 교회가 예수님의 이름으로 표적과 이적을 행한 것은 사실이다(행 4:30). 그러나 그것이 많은 은사 중 특히 방언을 성령 세례의 증거로 여겨야 한다는 주장이 옳음을 보증하지는 않는다. 바울이 이사야서를 인용해 "내가 다른 방언을 말하는 자와 다른 입술로 이 백성에게 말할지라도 그들이 여전히 듣지 아니하리라 하였으니 그러므로 방언은 믿는 자들을 위하지 아니하고 믿지 아니하는 자들을 위하는 표적이나 예언은 믿지 아니하는 자들을 위하지 않고 믿는 자들을 위함이니라"(고전 14:21-22)라고 말했

---

18 같은 책, 97.
19 같은 책, 164.

을 때, 그는 교회에 관한 한 방언이 가진 징표로서의 가치를 명백히 부인한 것으로 보인다. 예수님께서는 표적을 구하는 자들에게 이렇게 말씀하셨다. "악하고 음란한 세대가 표적을 구하나 선지자 요나의 표적밖에는 보일 표적이 없느니라 요나가 밤낮 사흘 동안 큰 물고기 뱃속에 있었던 것같이 인자도 밤낮 사흘 동안 땅 속에 있으리라"(마 12:39-40).

둘째, 방언을 성령 세례의 징표나 증거로 본다면 방언의 성격에도 문제가 발생한다. 신약성경에는 물론 방언에 관한 가르침의 근거가 되는 두 개의 본문이 있다. 한 곳은 사도행전 2장이고, 다른 곳은 고린도전서 12장과 14장이다. 여기서 중요한 질문은 이것이다. 신약성경에서 이 두 곳의 방언이 같은 것인가? 다시 말해 고린도전서 12·14장과 사도행전 2장 4절의 방언이 같은 것인가? 이 질문에는 당연히 두 가지 다른 답변이 나올 수 있다. 그런데 애석하게도 둘 중 어떤 답변을 하든, 모르는 방언을 말하는 것이 성령 세례의 증거라고 주장하는 데는 중대한 문제가 발생한다.

1. 두 방언이 동일한 경우

먼저 두 방언을 동일한 것으로 가정할 수 있다. 이 경우 신약성경에 나오는 모든 방언은 모르는 언어를 말하는 방언이 아니라, 방언하는 사람이 전혀 배운 적 없는 언어를 말하는 능력인데, 그 언어를 배운 사람이라면 그것을 알아듣고 이해할 수 있다. 리그스는 오순절에 사용된 언어가 적어도 15개 이상이라고 말한다.[20] 이는 사도행전 2장을 기초로 분명히 인정할 수 있을

---

20 같은 책, 86.

만한 유일한 주장이라고 생각한다.

그러나 그 첫 번째 오순절에 예루살렘에 모인 사람들이 놀랐던 것은 그들이 사람들이 이해할 수 없는 방언 말하는 것을 들었기 때문이 아니다. 그보다는 누구나 배움이 없는 시골 사람들임을 알고 있었던 갈릴리 사람들이 완벽한 발음으로 자기들 나라의 언어를 말하는 것을 들었기 때문이다.

사실 오순절에 나타난 은사는, 결코 모르는 방언을 말한 것이 아니라, 그와 정반대로 모르는 말로 말하는 것을 방지하려는 분명한 목적으로 주어진 것이다. 만약 사도들이 그들의 지방어인 갈릴리 사투리를 사용했다면, 그들의 말은 각 나라에서 모여든 군중에게는 모르는 방언이 되고 말았을 것이다. 이 은사는 모르는 방언이 아니라 모르는 방언 사용을 '방지'하기 위해 주어진 것이다.

만약 사도행전 2장 4절과 고린도전서 12·14장의 방언의 관계에 관한 질문에 이 두 방언이 같은 것이라고 답한다면, 거기에는 두 가지 결론이 따라온다. 사도행전 2장 4절에서와 같이 방언으로 말하는 것은 외국어를 말하는 것인데, 그렇다면 이 방언은 그 언어를 자연스럽게 이해하는 사람이 알아들을 수 있는 언어다. 이 특별한 은사는 분명 고린도전서가 열거한 영적 은사들 중 다른 은사들을 소유한 사람들 가운데서도 일부에게만 주어진 것으로 되어 있다. 바울은 한 성령으로 세례를 받아 이룬 그리스도의 몸 안에서(고전 12:13) '모두'가 선지자, 사도, 교사, 신유의 은사을 받아 기적을 행하는 자가 되는 것은 '아니며', '모두가 방언을 말하거나 통변하는 것도 아님'을 분명히 말한다(고전 12:28-30). 이 구절에 따르면 리그스처럼 "오늘날 성령 세례를 받은 모든 사람은 방언을 말한다"[21]고 주장하는 것은 완전히 잘 못된 것이다.

2. 두 방언이 다른 경우

하지만 우리가 처음에 한 질문에 부정적으로 답할 수도 있을 것이다. 다시 말해, 사도행전 2장 4절과 고린도전서의 방언은 서로 다르며, 사도행전 2장 4절의 방언이 이해할 수 있는 언어였다면, 고린도전서의 방언은 '모르는 방언', 즉 천사의 언어이거나 부차적인 '통변(interpretation)의 은사'를 초자연 적으로 받은 사람만 이해할 수 있는 말이라고 주장할 수도 있을 것이다. 심 지어 이조차도 '해석(interpretation)의 은사'라고 하지, 우리가 인간의 언어 를 다룰 때처럼 '통역(translation)의 은사'라고 하지는 않는다.

여기서 주된 관심사는 고린도전서의 방언의 성격에 관한 것이 아니다. 모든 성서신학자가 그것이 천사의 용어라는 주장에 기꺼이 동의하지는 않는다. 그들은 흠정역 영어 성경(King James Version)에서 사용한 '모르 는'(unknown)이라는 용어가 고린도전서 12장과 14장에서 이탤릭체로 쓰 인 사실을 지적하는데, 이는 성경 원문에는 그 용어와 상응하는 단어가 없 음을 의미하는 것이 아니라, 번역자들이 문장을 더 잘 이해할 수 있도록 하 기 위해 그 용어를 덧붙였음을 의미한다. 그들은 "알아듣는 자가 없고"(고 전 14:2)라는 문구는 문맥에서 "그 자리에 있는 사람 중에 이해하는 사람이 없다"라는 의미로 받아들여질 수 있다고 주장한다. 그들은 (고린도전서 14

---

21   같은 책, 89.

장 16, 23, 24절에서) 그 말을 들어도 이해하지 못하는 사람들에게 세 번이나 반복적으로 사용된 '알지 못한다'는 표현은, 사도 바울 자신의 경우처럼 고등 교육을 받아 '학식이 있는' 사람이라면 그 말을 이해할 수 있다는 의미를 내포한다고 주장한다. 나는 이 해석이 매우 매력적이라는 점을 인정할 수밖에 없다.

그렇더라도 만약 예루살렘과 고린도의 방언이 다르다면, 모르는 방언이 성령 세례의 증거라는 이론은 문제가 심각하다. 심지어 고린도전서의 방언이 모르는 방언, 즉 하나님만이 아시는 항홀경적인 말이라 하더라도, 그것이 성령 세례와 관계가 있다는 암시는 전혀 없다. 사실은 그와 정반대다. 다양한 은사에 적용된 원칙은 방언에도 바로 적용할 수 있는데, 방언은 성령 세례를 받은 모든 신자가 갖는 증거가 아니며, 모든 사람이 같은 은사를 받지는 않는다는 것이다.

고린도전서 12장은 성령의 은사를 바르게 이해하기 위한 두 가지 원칙을 가르쳐 준다. 첫째 원칙은, "각 사람에게 성령을 나타내심은 유익하게 하려 하심"(고전 12:7)이라는 사실이다. 다시 말해, 은사는 유익히게 하기 위해 주시는 것이지, 어떤 특징을 나타내는 증명서로 주시는 것이 아니다. 영적 은사를 이해하는 두 번째 원칙은, 교회 안에 있는 각 사람이 서로 다른 은사를 받으며, 그리스도의 몸은 서로 연합해 눈에 보이지 않는 조화를 이룬다는 것이다(고전 12:11-30).

성령의 은사는 어떤 의미로 보더라도 신자의 개인적 체험을 통해 성령께서 임재하시는 수단은 아니다. 이는 예수님의 제자들이 오순절 이전에 더 놀라운 은사를 사용했다는 사실에서 알 수 있다. 그들은 병든 자를 고치고 귀신을 내쫓는 권세를 가지고 보냄을 받았지만(눅 9:1-6; 10:1-20), 그럼에도 그 당시에는 성령 세례를 경험하지 못했다. 바울이 서신을 통해 영적 은사의 사용에 관해 가장 광범위하게 가르친 고린도교회 교인들은 "육신에 속한 자"이자 "그리스도 안에서 어린아이들"로 묘사되었고(고전 3:1-3), 파당주의로 분열되었으며(고전 3:4-7), 삶과 예배에서 모든 종류의 불법에 빠져 있었다. 이 모든 것은 성령 충만한 신자의 모습과 정반대되는 것이다.

성령의 은사가 성령의 은혜와 매우 다른 것이라는 사실에 대해서는 반론의 여지가 없다. 은사 중 특별한 어느 하나 또는 은사 전체가 하나님께서 성령 세례의 증거로서 계획하신 것이라는 주장은 성경적으로 전혀 뒷받침받을 수 없다.

사실 예루살렘과 고린도의 방언이 다르다고 전제하면서, 성령 세례의 증거로 굳이 방언의 은사를 선택한 것은 매우 부적절하다. 은사 목록에서 방언과 통변은 가장 마지막에 나오는 은사일 뿐이기 때문이다(고전 12:4-11, 28-30). 더구나 로마서 12장 6-8절의 영적 은사 목록에는 방언이 아예 나오지도 않는다. 바울이 방언을 예언의 은사보다 확실히 등급이 낮은 은사로 여겼다는 점은 의문의 여지가 없는데, 예를 들어 고린도전서 14장 1-12절은 이를 분명히 보여 준다. 은사에 관한 바울의 권면은 더욱 큰 은사를 사모하되(고전 12:31), 교회의 덕을 세우기 위해 구하라는 것이었다(고전 14:12). 그리고 그는 하나님 안에서의 사랑이 "가장 좋은 길"(고전 12:31)이며 사랑 없이는 은사가 아무 가치가 없음을 강조했다(고전 13:1-3).

사도행전 2장 4절과 고린도전서 12·14장의 방언이 서로 다른 것이라고 인정한다면, 오순절적 경험에 대한 증거로서 가능성이 있는 유일한 방언은, 배우지 않고도 사람들이 알아듣는 언어를 말하는 능력이라고 결론을 내릴 수밖에 없다. 이런 주장은 거의 제기되지 않았고, 내가 알기에는 아직 사실로 입증된 적도 없다. 사도행전 2장 4절에서와 같이 증거로서의 방언을 주장하는 사람들 사이에서 행해지는 방언은, 사도행전 2장 4절의 방언의 실제 모습과 매우 상이하다.

그러나 배우지 않은 언어를 말하는 능력으로서의 방언조차도, 비록 대단하게 보이긴 하지만, 꼭 성령 세례의 증거에 해당하지는 않는다. 사도행전에서는 개인이나 집단이 성령으로 충만하게 되었다는 이야기가 여섯 번 나온다.[22] 이 중 세 경우는 방언을 말하지만, 다른 세 경우는 방언으로 말하는 것이 전혀 언급되지 않는다.

여섯 경우 전체를 자세히 살펴보면 방언을 말한 세 경우와 그렇지 않은 세 경우 사이의 가장 중요한 차이점은, 방언을 말한 세 경우는 다양한 국적의 사람들이 함께 모여 있던 상황에서 이루어졌고, 방언을 말하지 않은 세 경우는 단일 국적이나 민족의 사람들만 모여 있던 상황에서 이루어졌다. 이는 방언의 목적이 성령 세례의 증거를 나타내기 위해서가 아니라, 집회에서 좀 더 효과적인 소통을 가능케 하기 위한 것이라는 결론에 강력한 추정적 증거를 제공한다.

---

22 2장에서 언급한 네 가지 경우 외에 사도행전 4장 30–31절과 9장 17절도 그 사례에 해당된다.

IV. 방언이 성령 세례의 증거가 될 수 없는 이유

어떤 일이 증거로 작용하기 위한 필수 조건은, 증거로서의 근거나 상황이 충족되어야 한다는 것인데, 그렇지 않으면 증거능력을 갖지 못한다. B. F. 닐리(B. F. Neely) 박사는 오래전 방언은 이 둘 중 후자, 즉 그 근거나 상황이 성령 세례의 증거가 되지 못하는 경우에 속함을 잘 보여 주었다.

오순절주의자들은 은사가 '가짜로 꾸며낸 것'일 수 있고, 성령만이 아니라 사탄도 방언을 하게 할 수 있음을 기꺼이 인정한다. 이미 언급한 적이 있는 잘못된 종파들 사이에서 방언 현상이 있었다는 것은 이 점이 분명한 사실임을 나타내는 것이다. 그렇다면 성령 세례를 받은 적이 없는 사람도 방언으로 말하는 것이 가능하다.

또 오순절주의자들은 죄로 인해 성령 세례를 상실한 사람도 여전히 은사를 가지고 있을 수 있다는 점을 기꺼이 인정한다. 방언의 은사를 가진 사람은 성령께서 그를 떠나신 지 오래되었음에도 여전히 그 은사를 사용할 수 있다. 그렇다면 성령 세례를 상실한 사람도 방언으로 말하는 것이 가능하다.

이에 따르면 방언에 관한 문제는 다음과 같이 이상한 상황에 빠진다. 누군가가 방언을 말하면 그것은 다음 세 가지 중 하나의 증거가 된다. 첫째, 그는 성령 세례를 받은 것일 수 있다. 둘째, 그는 성령 세례를 받았다 상실했을 수 있다. 셋째, 그는 성령 세례를 전혀 받지 못했을 수 있다. 분명한 것은 이 세상에 사는 사람은 누구나 이 세 가지 중 하나에 해당된다는 사실이다. 이런 식이라면 방언의 은사와 마찬가지로, 모자를 쓰는 것이 성령 세례를 받았다는 믿을 만한 증거라고 주장하는 것도 가능하다. 모자를 쓰는 모든 사람은 성령 세례를 받았을 수도 있고, 성령 세례를 받았다 상실했을 수도 있으며, 아예 성령 세례를 받은 적이 없을 수도 있기 때문이다. 그러므로 방언의 은사는 성령 세례를 입증하는 증거로서의 가치가 전혀 없다.

V. 성령의 증거

그렇다면 성령 세례를 입증하는 증거는 무엇인가? 우리는 이 높은 은혜의 상태에 대해 아무것도 확실하게 알 수 없는가? 그렇지 않다. 성령 세례의 증거, 그리고 성령 세례의 결과이자 성령 세례와 함께 일어나는 완전 성화라는 증거가 있기 때문이다. 이 증거는 그 확실성이라는 측면에서 성령 세례의 증거일 가능성이 있는 어떤 외적 또는 물리적 징표보다 더 뛰어나다. 이는 곧 성령의 증거 및 성령의 열매의 증거라는 이중적 증거다.

"하나님의 아들을 믿는 자는 자기 안에 증거가 있고"(요일 5:10)라는 말씀 그대로, 하나님의 성령을 충만히 받은 사람은 하나님의 그 놀라운 은총의 선물을 받은 것에 대해 증거를 갖는다. 이는 증언하는 이가 성령이시며 성령은 진리이시기 때문이다(요일 5:6). 또 "무릇 하나님의 영으로 인도함을 받는 사람은 곧 하나님의 아들이라 너희는 다시 무서워하는 종의 영을 받지 아니하고 양자의 영을 받았으므로 우리가 아빠 아버지라고 부르짖느니라 성령이 친히 우리의 영과 더불어 우리가 하나님의 자녀인 것을 증언하시나니"(롬 8:14-16)라는 말씀대로, 성령께서는 신자의 마음에 그가 하나님의 자녀임을 증거하신다. 그뿐 아니라, 그리스도께서는 거룩하게 된 자들을 한 번의 제사로 영원히 온전하게 하셨고, 성령은 이를 우리에게 증언하신다(히 10:14-15). 이 성령의 증언은 신자의 마음과 생각에 하나님의 율법이 새겨짐으로써 확증되는 것으로(히 10:16), 우리에게 "예수의 피를 힘입어 성소에 들어갈 담력"(히 10:19)을 준다. 그 목적은 우리로 "마음에 뿌림을 받아 악한 양심으로부터 벗어나고 몸은 맑은 물로 씻음을" 받아 "참 마음과 온전한 믿음"(히 10:22)의 확신으로 하나님께 나아가게 하기 위한 것이다.

이러한 성령의 증거는 감정이나 흥분, 기쁨의 황홀경을 동반할 수도 있지만, 그런 것들을 성령의 증거와 동일시할 수는 없다. 성령의 증거는 외적으로 어떤 현상이 나타나는 것이 아니다. 그것은 하나님께서 약속하시고 이루신 일, 즉 우리의 마음을 깨끗이 씻으셨고, 성령께서 우리를 성결하게 하시는 주권적 영광으로 우리 안에 거하고 계심을 믿는 내적 확신이다. 예수님께서는 "내가 아버지께로부터 너희에게 보낼 보혜사 곧 아버지께로부터 나오시는 진리의 성령이 오실 때에 그가 나를 증언하실 것이요 … 그가 너희를 모든 진리 가운데로 인도하시리니 … 그가 내 영광을 나타내리니 내 것을 가지고 너희에게 알리시겠음이라"(요 15:26; 16:13-14)라고 말씀하셨다.

존 웨슬리가 오래전에 가르친 것같이, 이 성령의 증거와 반드시 연결되어 있는 것은 성령의 열매다. 사랑, 희락, 화평, 오래 참음, 자비, 양선, 충성, 온유, 절제라는 아름다운 아홉 가지 은혜(갈 5:22-23)는 끊임없이 성장하고 발전할 수 있지만, 동시에 성령 충만한 사람의 인격에 이미 나타난다. 우리는 성령의 열매 없는 성령의 증거 또는 성령의 증거 없는 성령의 열매를 온전한 증거로 받아들여서는 안 된다. 이 두 가지는 함께 어우러져 우리에게 성령의 역사하심에 대해 강한 확신을 주는데, 이 확신은 어떤 외적이고 물리적인 징표나 심리적인 징표보다 뛰어나다.

밝은 대낮에는 촛불을 들고 나가 해가 떴는지 살펴볼 필요가 없는 것처럼 마음이 성결하게 된 사람은 더는 자기 마음에 있는 죄라는 불치병을 고치는 '의의 태양'이 떠올랐는지 알아보기 위해 잘못되기 쉬운 어떤 징표도 의존할 필요가 없다. 성령께서 친히 우리 속에 충만히 임재하셨음을 증거하시기 때문이다.

5장 성결과 영원한 구원 보장

안전에 대한 보장은 사람이 필요로 하는 것 중 가장 긴급하고 긴요하다. 어린이나 젊은이들이 심각한 비행을 저지르게 만드는 배후 세력은 불안감이다. 미래에 관한 불확실성과 안전이 보장되어 있지 않은 것만큼 우리의 행복에 치명적인 것은 없다.

이 원리는 영적인 삶에서도 마찬가지다. 미심쩍어하고 의심하며 두려움에 시달린다면, 그것은 전쟁을 하기도 전에 이미 져버린 것이다. 근거 있는 소망과 확신은 그리스도인의 행복한 삶의 필수 요소다. 만약 구원이 안전에 대한 필요를 충족하지 못한다면, 인간 욕구의 모든 범위 중 매우 많은 부분을 충족하지 못하는 것이 된다.

영원한 구원 보장의 문제는 현대 복음주의 교단들이 가장 격렬한 논쟁을 벌이는 신학 주제 중 하나다. 많은 영향력 있는 목사, 부흥사, 라디오 설교자, 교회, 신학교가, 우리가 처음 그리스도를 영접할 때 단 한 번 믿은 구원의 신앙의 행위가 우리의 최종적이고 영원한 구원을 보장한다고 주장한다.

I. 칼빈주의와 영원한 구원 보장

이런 주장은 칼빈주의 특별 예정 교리에 기초한다. 칼빈주의 특별 예정 교리란 하나님께서 영원 전부터 일부 사람과 천사는 영원한 생명으로, 나머지는 영원한 저주로 그 운명을 미리 결정해 놓으셨다는 주장이다. 존 칼빈 자신만큼 이를 간단명료하게 진술한 사람은 없다.

> 예정이란 하나님의 영원한 작정으로, 하나님께서는 이 작정에 의해 모든 사람 개개인에게 앞으로 이루어질 일을 스스로 미리 결정해 놓으셨다. 사람들은 모두 같은 운명으로 창조되지 않았다. 어떤 사람은 영원한 생명으로, 어떤 사람은 영원한 저주로 미리 정해져 있다. … 우리는 하나님께서 자신의 영원 불변하는 계획에 따라, 어떤 사람을 구원으로 받아들이고 어떤 사람을 멸망으로 저주하실지, 단 한 번의 결정으로 영원히 결정지으셨다고 주장한다. 우리는 이 결정이 택자에게는 인간의 공로와 아무 관계없이 오직 하나님의 값없이 주시는 은혜에 기초해 있지만, 하나님께서 저주하기로 결정하신 자에게는 공정하고 결함이 없으나 불가해한 판단에 따라 생명의 문이 닫혔다고 주장한다.[1]

루이스 스페리 채퍼는 동의를 얻어 커닝햄(William Cunningham)의 『역사 신학』(*Historical Theology*, 그리심)에서 다음을 인용한다. "만약 하나님께서 영원 전부터 절대적이고 무조건적으로 일부의 사람, 즉 특정한 개인들을 영원한 생명으로 결정하셨다면, 이들은 모두 틀림없이 구원받을 것이다."[2]

이 진술이 담고 있는 형식적 진리(formal truth, 내용의 옳고 그름과 관계없이 명제의 구조로서는 참이라 할 수 있는 진리 – 역주)는 받아들일 만하다. 만약 구원이 택자를 영생으로 결정한 무조건적 예정에 의해 이루어지는 것이 맞다면, 의문의 여지 없이 그렇게 예정된 사람은 누구나 최종적으

1   John Calvin, *Institutes of the Christian Religion*, II. xxi. 4, 7.
2   Chafer, *Systematic Theology*, III. 269.

로 구원을 얻을 것이기 때문이다. 그러나 "이들은 모두 틀림없이 구원받을 것이다"라는 결과는, 분명 그 앞에 있는 "만약 하나님께서 영원 전부터 절대적이고 무조건적으로 일부의 사람을 영원한 생명으로 결정하셨다면"이라는 실질적 진리(material truth, 진술한 내용이 사실과 부합하는 경우의 진리 – 역주)에 전적으로 의존해 있다.

여기에서는 무조건적 예정이라는 교리가 전적으로 잘못된 비성경적 교리라는 사실을 입증할 여유가 없다. 그런 일은 나보다 훨씬 유능한 신학자들이 매우 설득력 있게 잘 해오고 있다. 성경을 주의 깊게 연구하는 사람이라면, 특히 다음의 성경구절들만으로도 무조건적 예정 주장이 잘못되었음을 알 수 있을 것이다.[3]

- "땅의 모든 끝이여 내게로 돌이켜 구원을 받으라 나는 하나님이라 다른 이가 없느니라"(사 45:22).

- "오호라 너희 모든 목마른 자들아 물로 나아오라 돈 없는 자도 오라 너희는 와서 사 먹되 돈 없이, 값없이 와서 포도주와 젖을 사라"(사 55:1).

- "너는 그들에게 말하라 주 여호와의 말씀이니라 나의 삶을 두고 맹세하노니 나는 악인이 죽는 것을 기뻐하지 아니하고 악인이 그의 길에서 돌이켜 떠나 사는 것을 기뻐하노라 이스라엘 족속아 돌이키고 돌이키라 너희 악한 길에서 떠나라 어찌 죽고자 하느냐 하셨다 하라"(겔 33:11).

---

3 원문에서는 각주에 성경의 출처만 나열했으나, 이곳에서는 독자의 편의를 위해 본문에 그 구절들 전체를 인용함 – 역주.

- "수고하고 무거운 짐 진 자들아 다 내게로 오라 내가 너희를 쉬게 하리라"(마 11:28).

- "또 이르시되 너희는 온 천하에 다니며 만민에게 복음을 전파하라 믿고 세례를 받는 사람은 구원을 얻을 것이요 믿지 않는 사람은 정죄를 받으리라"(막 16:15–16).

- "영접하는 자 곧 그 이름을 믿는 자들에게는 하나님의 자녀가 되는 권세를 주셨으니"(요 1:12).

- "하나님이 그 아들을 세상에 보내신 것은 세상을 심판하려 하심이 아니요 그로 말미암아 세상이 구원을 받게 하려 하심이라"(요 3:17).

- "사람이 내 말을 듣고 지키지 아니할지라도 내가 그를 심판하지 아니하노라 내가 온 것은 세상을 심판하려 함이 아니요 세상을 구원하려 함이로라"(요 12:47).

- "누구든지 주의 이름을 부르는 자는 구원을 받으리라 하였느니라"(행 2:21).

- "알지 못하던 시대에는 하나님이 간과하셨거니와 이제는 어디든지 사람에게 다 명하사 회개하라 하셨으니"(행 17:30).

- "내가 복음을 부끄러워하지 아니하노니 이 복음은 모든 믿는 자에게 구원을 주시는 하나님의 능력이 됨이라 먼저는 유대인에게요 그리고 헬라인에게로다"(롬 1:16).

- "그런즉 한 범죄로 많은 사람이 정죄에 이른 것같이 한 의로운 행위로 말미암아 많은 사람이 의롭다 하심을 받아 생명에 이르렀느니라"(롬 5:18).

- "하나님의 지혜에 있어서는 이 세상이 자기 지혜로 하나님을 알지 못하므로 하나님께서 전도의 미련한 것으로 믿는 자들을 구원하시기를 기뻐하셨도다"(고전 1:21).

- "그리스도의 사랑이 우리를 강권하시는도다 우리가 생각하건대 한 사람이 모든 사람을 대신하여 죽었은즉 모든 사람이 죽은 것이라 그가 모든 사람을 대신하여 죽으심은 살아 있는 자들로 하여금 다시는 그들 자신을 위하여 살지 않고 오직 그들을 대신하여 죽었다가 다시 살아나신 이를 위하여 살게 하려 함이라"(고후 5:14-15).

- "곧 하나님께서 그리스도 안에 계시사 세상을 자기와 화목하게 하시며 그들의 죄를 그들에게 돌리지 아니하시고 화목하게 하는 말씀을 우리에게 부탁하셨느니라 그러므로 우리가 그리스도를 대신하여 사신이 되어 하나님이 우리를 통하여 너희를 권면하시는 것같이 그리스도를 대신하여 간청하노니 너희는 하나님과 화목하라"(고후 5:19-20).

- "우리가 그를 전파하여 각 사람을 권하고 모든 지혜로 각 사람을 가르침은 각 사람을 그리스도 안에서 완전한 자로 세우려 함이니"(골 1:28).

- "그러므로 내가 첫째로 권하노니 모든 사람을 위하여 간구와 기도와 도고와 감사를 하되 임금들과 높은 지위에 있는 모든 사람을 위하여 하라 이는 우리가 모든 경건과 단정함으로 고요하고 평안한 생활을 하려 함이라 이것이 우리 구주 하나님 앞에 선하고 받으실 만한 것이니 하나님은 모든 사람이 구원을 받으며 진리를 아는 데에 이르기를 원하시느니라 하나님은 한 분이시요 또 하나님과 사람 사이에 중보자도 한 분이시니 곧 사람이신 그

리스도 예수라 그가 모든 사람을 위하여 자기를 대속물로 주셨으니 기약이 이르러 주신 증거니라"(딤전 2:1-6).

- "모든 사람에게 구원을 주시는 하나님의 은혜가 나타나 우리를 양육하시되 경건하지 않은 것과 이 세상 정욕을 다 버리고 신중함과 의로움과 경건함으로 이 세상에 살고"(딛 2:11-12).

- "오직 우리가 천사들보다 잠시 동안 못하게 하심을 입은 자 곧 죽음의 고난 받으심으로 말미암아 영광과 존귀로 관을 쓰신 예수를 보니 이를 행하심은 하나님의 은혜로 말미암아 모든 사람을 위하여 죽음을 맛보려 하심이라"(히 2:9).

- "주의 약속은 어떤 이들이 더디다고 생각하는 것같이 더딘 것이 아니라 오직 주께서는 너희를 대하여 오래 참으사 아무도 멸망하지 아니하고 다 회개하기에 이르기를 원하시느니라"(벧후 3:9).

- "나의 자녀들아 내가 이것을 너희에게 씀은 너희로 죄를 범하지 않게 하려 함이라 만일 누가 죄를 범하여도 아버지 앞에서 우리에게 대언자가 있으니 곧 의로우신 예수 그리스도시라 그는 우리 죄를 위한 화목제물이니 우리만 위할 뿐 아니요 온 세상의 죄를 위하심이라"(요일 2:1-2).

- "볼지어다 내가 문 밖에 서서 두드리노니 누구든지 내 음성을 듣고 문을 열면 내가 그에게로 들어가 그와 더불어 먹고 그는 나와 더불어 먹으리라"(계 3:20).

- "성령과 신부가 말씀하시기를 오라 하시는도다 듣는 자도 오라 할 것이요 목마른 자도 올 것이요 또 원하는 자는 값없이 생명수를 받으라 하시더라"(계 22:17).

따라서 지금은 단지 이 예정의 교리라는 것이 각 신자의 마음에 최종적 구원에 대한 확신을 주는 것이 아니라, 실제로는 파괴한다는 사실을 지적하는 것으로 그치고자 한다.

예정의 교리에서는 만약 사람이 구원으로 예정되었다면, 그가 무엇을 하든 못 하든 아무 관계 없이 구원을 받는다는 결론이 사실이다. 그러나 만약 구원이 개인에게 요구되는 어떤 조건도 없이 오직 하나님의 영원하고 불변하며 불가해한 작정에 의해 결정된다는 것도 사실이라면, 자신이 얼마나 종교적이라고 생각하는지와 관계없이 자신이 구원받은 무리에 포함되었음이 틀림없다고 결론 내릴 수 있는 사람은 한 사람도 없다는 결론이 도출된다.

만약 그렇다면 칼빈주의자들이 주장하는 영원한 구원 보장이란 다음과 같이 매우 해괴한 주장이 되고 만다. "만약 내가 영생으로 선택받았다면, 나는 영원히 안전하다. 그러나 영원 전 선택이 무엇을 의미하는지 올바로 안다면 나는 내가 그 선택을 받았다고 확신할 수 없다. 나는 내가 선택받았기를 바라는 것 외에는 할 수 있는 것이 없다. 나는 예전에는 우리와 함께했지만 지금은 '우리에게 속하지 않았기' 때문에 '우리에게서 나가 버린' 많은 사람을 기억하면서, 내 구원 문제에 대해 겸손할 수밖에 없다. 만약 그들이 우리에게 속해 있었다면 그들은 틀림없이 우리와 계속 함께했을 것이다. 그런데 그들이 우리에게서 나감으로 그들이 우리에게 속하지 않은 것이 드러나게 되었다(요일 2:19, 이는 칼빈주의자들이 가장 좋아하는 구절이다)."

II. 케직파가 주장하는 영원한 구원 보장

그러나 영원한 구원 보장 교리는 대체로 칼빈주의의 무조건적 예정 교리에 기초해 있지 않다. 영원한 구원 보장을 가르치는 모든 사람이 흔히 '칼빈주의자'로 불리지만, 실제로는 그들 중 더 많은 사람이 칼빈주의 교리의 20퍼센트 정도밖에 받아들이지 않는다. 즉, 그들이 그 유명한 칼빈주의-아르미니우스주의의 "5대 교리"[4] 논쟁에서 확실히 붙드는 것은 한 가지 정도일 뿐이고, 다른 네 가지는 그렇지 않다는 것이다. 엄밀히 말해, 이렇게 80퍼센트 정도는 아르미니우스주의 교리를 믿는 이들을 칼빈주의자로 부르면 안 되겠지만, 그렇게 부르는 것이 널리 퍼져 있기에 앞으로도 틀림없이 이런 관행이 지속될 것이다. 그러나 더 정확한 명칭은 '플리머스 형제단'이나 '케직파'라 할 수 있다.

영원한 구원 보장 교리에 관한 이런 유형의 주장의 근거를 가장 훌륭하고 완벽하게 설명한 것으로 널리 받아들여지는 것이 어떤 것인지는, 평신도 J. F. 스트롬벡(J. F. Strombeck)이 『영원히 멸망하지 않으리니』(*Shall Never Perish*)[5]에서 잘 설명하고 있다. 이 책은 권위 있는 것으로 여겨지기 때문에, 이 입장에 관한 내 설명과 비평은 대체로 스트롬벡의 글에 기초할 것이다. 이 책은 전반적으로 자신의 주장과 반대되는 성경적 증거를 부주의하게 경

---

4   칼빈주의 5대 교리는 인간의 전적 타락, 무조건적 선택, 제한 속죄, 불가항력적 은혜, 성도의 견인 교리를 말한다.

5   J. H. Strombeck, *Shall Never Perish* (Moline IL: The Strombeck Agency, 900 23rd Ave., 1948). 여기서는 제6판을 인용함.

시해 버리는 경향을 명백히 드러내지만, 그럼에도 대체로 영원한 구원 보장 교리를 하나님의 말씀의 기초 위에 세우려는 진지한 노력을 보여 준다.

먼저 주지할 것은, 하나님께 바르게 순종하는 자녀에게만 참된 구원의 보장이 있다는 웨슬리안 교리는 우리를 혼란스럽게 만드는 교리가 아니라는 점이다. 우리는 그리스도의 모든 양이 안전하고(요 10:28), 어떤 것도 그들을 아버지 손에서 빼앗을 수 없으며(요 10:29), 세상의 어떤 피조물이라도 신자를 우리 주 그리스도 예수 안에 있는 하나님의 사랑에서 끊을 수 없다(롬 8:39)는 사실에 전적으로 동의한다. 이 모든 것은 너무나도 복된 진리다.

우리를 혼란스럽게 만드는 것은 누군가가 표현한 것처럼 "성도의 견인 교리가 아닌 죄인의 견인 교리"다. 이 교리를 주장하는 사람들이 너무나 자주 매우 분명하게 주장하는 것은, 구원을 위한 단 한 번의 신앙의 행위가 그 이후의 모든 시험의 과정을 종료시키고 개인에게 최종적 구원을 보장한다는 근본적인 전제다. 그리고 이 보장은 그 사람이 미래에도 신앙을 지속할 것인가 아니면 잃어버릴 것인가, 죄 된 삶을 살 것인가 의로운 삶을 살 것인가와 아무 관계가 없다. 스트롬베은 율법무용론, 즉 그리스도인은 율법(도덕법)에 순종할 모든 의무에서 자유롭게 되었다는 주장을 강하게 부정한다. 그러면서도 그는 종종 직접적으로 율법무용론을 주장하는데, 그가 쓴 책 페이지마다 이 점이 드러난다.

충분한 고찰을 위해 필요하기도 하고 또 그럴 만한 가치가 있지만, 여기서 그의 책을 한 페이지씩 자세히 살펴보는 것은 불가능하다. 따라서 나는 단지 일부 요점을 설명한 후, 그에 대한 의견을 간략히 제시하고자 한다.

저자는 '영원히 멸망하지 않으리니'라는 제목을 설명하는 장에서 요한복음 10장 27-29절을 해설하는데, 그 본문은 다음과 같다. "내 양은 내 음성을 들으며 나는 그들을 알며 그들은 나를 따르느니라 내가 그들에게 영생을 주노니 영원히 멸망하지 아니할 것이요 또 그들을 내 손에서 빼앗을 자가 없느니라 그들을 주신 내 아버지는 만물보다 크시매 아무도 아버지 손에서 빼앗을 수 없느니라."

스트룀벡은 이 구절을 다음과 같이 설명한다.

> 성경의 이 구절만큼 주 예수 그리스도를 믿는 신자에게 확신을 주는 것은 없다. 여기에는 우리 주님께서 자기 백성은 영원히 자기 것이라고 선언하시는 무조건적 진술이 담겨 있다. 그들은 주님의 손 안에 있고 그 돌보심 아래 있으며, 또한 아버지의 손 안에 있고 그분의 돌보심 아래 있기 때문이다. 이 영원한 안전의 조건을 보장하는 것은 아버지의 능력이다.[6]

우리는 이 구절이 '그리스도의 양은 한 마리도 잃은 바 되지 않는다'는 무조건적 주장을 하고 있다는 데 전적으로 동의한다. 이 말씀에는 '만약' '또는' '그러나' 등이 없다. 우리는 단지 이 구절이, 그리스도의 양은 누구나 그분의 음성을 듣고 그분을 따르지만, 그분의 음성을 듣지 않고 그분을 따르지 않는 사람은 누구도 그분의 양이 아니라는 사실 역시 무조건적으로 주장하고 있음을 지적하고자 한다. 이 역시 하나님께서 덧붙이시지 않은 '만약'이라는 조건을 두지 않는다. 이 구절은 단지 그리스도의 말씀을 최대한 쉽게 표현해, 그리스도를 따르지 않는 사람은 그리스도의 무리에 속해 있지 않음을 말하고 있다.

6　같은 책, 1.

이 구절을 가장 단순한 논리로 축소해 표현하면 다음과 같다.

안전한 사람은 누구나 그리스도의 양이다.

그리스도를 따르지 않는 사람은 그의 양이 아니다.

그러므로 그리스도를 따르지 않는 사람은 안전하지 않다.

스트롬벡은 (그의 책 2, 5-7장에서) 영원한 구원 보장 교리로 결론 맺지 않는 은혜의 교리는 불완전하다고 강하게 주장한다. 구원은 은혜에 의한 것이기에, 구원의 지속 역시 공로적 행위에 의한 것일 수 없다는 것이다. 우리는 이러한 주장에 전적으로 동의한다. 우리는 단지 구원은 은혜에 의해 신앙을 통해 주어지기에, 구원을 '받는 것'이 신앙을 조건으로 이루어지는 것만큼이나 구원을 '보존하는 것' 역시 신앙을 보존하는 것을 조건으로 이루어진다는 사실을 지적하고자 한다. 만약 구원을 '보존하는' 신앙을 '공로적 행위'라고 주장하려 한다면, 구원을 '받는' 신앙 역시 '공로적 행위'가 될 수밖에 없다. 그러나 신앙은 결코 공로적 행위일 수 없다.[7] 신앙으로 처음 받아들일 때처럼 신앙으로 계속 간직하는 것은 동일한 은혜다. 귀중품이든 아니든 특별한 선물은, 이후로도 언제나 값지게 여기며 소중하게 간직하는 것과도 같다.

---

7   참고. 같은 책, 25.

III. 구원과 삶의 방식

스트롬벡은 자신의 책 3장에서, 사람이 구원을 받거나 잃는 것이 삶의 방식이 아닌 하나님의 말씀으로 결정된다고 주장한다. 우리는 하나님께서 말씀하시는 내용이 매우 중요하다는 데 확고히 동의한다. 하나님께서는 구원 문제에 관해서는 전혀 불확실하지 않게 명확히 말씀하셨다. 그러나 하나님은 사람이 어떻게 사는지가 구원과 아무런 상관이 없다고 말씀하지 않으신다. 예를 들어 보자.

- 마태복음 7장 16-21절은 다음과 같이 말씀한다. "그들의 열매로 그들을 알지니 가시나무에서 포도를, 또는 엉겅퀴에서 무화과를 따겠느냐 이와 같이 좋은 나무마다 아름다운 열매를 맺고 못된 나무가 나쁜 열매를 맺나니 좋은 나무가 나쁜 열매를 맺을 수 없고 못된 나무가 아름다운 열매를 맺을 수 없느니라 아름다운 열매를 맺지 아니하는 나무마다 찍혀 불에 던져지느니라 이러므로 그들의 열매로 그들을 알리라 나더러 주여 주여 하는 자마다 다 천국에 들어갈 것이 아니요 다만 하늘에 계신 내 아버지의 뜻대로 행하는 자라야 들어가리라." 이 말씀이 삶의 방식은 구원과 아무 상관이 없음을 의미하는 것으로 보이는가?

- 로마서 6장 1절과 15절은 다음과 같이 말씀한다. "그런즉 우리가 무슨 말을 하리요 은혜를 더하게 하려고 죄에 거하겠느냐 … 그런즉 어찌하리요 우리가 법 아래에 있지 아니하고 은혜 아래에 있으니 죄를 지으리요 그럴 수 없느니라." 이 말씀이 삶의 방식은 구원과 아무 상관이 없음을 의미하는 것으로 보이는가?

- 고린도전서 3장 16-17절은 "너희는 너희가 하나님의 성전인 것과 하나님의 성령이 너희 안에 계시는 것을 알지 못하느냐 누구든지 하나님의 성전을 더럽히면 하나님이 그 사람을 멸하시리라 하나님의 성전은 거룩하니 너희도 그러하니라"라고 말씀한다. 이 말씀이 삶의 방식은 구원과 아무 상관이 없음을 의미하는 것으로 들리는가?

- 로마서 8장 14절은 "무릇 하나님의 영으로 인도함을 받는 사람은 곧 하나님의 아들이라"라고 말씀한다. 이 말씀이 삶의 방식은 구원과 아무 상관이 없음을 의미하는 것으로 들리는가?

- 야고보서 2장 17절은 "이와 같이 행함이 없는 믿음은 그 자체가 죽은 것이라"라고 말씀하고, 요한1서 3장 10절은 "이러므로 하나님의 자녀들과 마귀의 자녀들이 드러나나니 무릇 의를 행하지 아니하는 자나 또는 그 형제를 사랑하지 아니하는 자는 하나님께 속하지 아니하니라"라고 말씀한다. 이 말씀이 삶의 방식은 구원과 아무 상관이 없음을 의미하는 것으로 들리는가?

하나님은 '이미' 말씀하셨다. 하나님은 자신의 영원한 말씀을 통해 비록 삶의 방식이 구원의 '값을 치르지'는 못하더라도, 구원의 신앙을 '입증한다'는 사실을 선언하셨다. 사람이 자기 스스로를 무엇이라 부르든, 또 그가 과거에 어떤 사람이었든, 현재 죄를 지으며 살아가는 사람은 죄인이다.

스트롬벡은 4장에서 영생과 최종적 구원에 관한 훌륭한 성경구절 목록을 제공한다. 각 구절의 의미는 정확히 그 구절이 말씀하는 내용 그대로다. 그러나 저자는 그 성경구절들이 단지 표면적으로 말씀하는 것 '이상'의 의미를 바르게 해석하지 못했다. 앞에서 인용한 성경구절들을 단 한 번의 신앙의 행위가 최종적 구원을 보장한다는 이론을 지지하는 의미로 해석하려 했다면, 그는 본문에서 반드시 표면적인 의미 이상의 것을 해석해 내야만 했다.

IV. 영원한 구원 보장과 율법무용론

율법무용론이라는 낙타의 코가 영원한 구원 보장이라는 텐트 속으로 밀고 들어가기 시작한 것은 스토롬벡의 책 2부에서다. 그 제목은 "영원한 구원 보장과 하나님의 은혜의 교리들"이다. 여기서 저자는 영원한 구원 보장 교리를 의심하는 듯이 보이는 모든 성경 구절은, 저자 자신이 기꺼이 '은혜에 대한 진리'(grace truth)[8]로 명명한 것과 조화를 이루도록 해석해야 한다고 말한다. 그렇다면 저자가 말하는 진리란 하나님이 말씀하신 그대로의 진리가 아니라, 이 성경구절들을 어떻게 사전에 받아들인 '은혜' 개념과 조화를 이루도록 해석할 것인지에 관한 진리가 되고 만다.

구원은 은혜에 의한 것이지 행위에 의한 것이 아니다. 스트롬벡은 "그렇기 때문에 죄는 은혜의 작용을 방해할 수 없고, 은혜가 이룬 결과를 무효로 하지 못한다. 사실상 죄는 은혜가 일하도록 만드는 계기가 된다"[9]고 주장한다. 이 주장이 로마서 6장 1-2절에서 바울이 강하게 부인했던 이론과 얼마나 비슷한지 한번 판단해 보라. "은혜를 더하게 하려고 죄에 거하겠느냐 그럴 수 없느니라."

---

8   같은 책, 19.
9   같은 책, 25.

스트롬벡은 28페이지에서 자신의 주장을 아무도 오해하지 않도록 이탤릭체 글씨로 명백히 설명한다. "[구원은 하나님의 은혜에 의해 믿음을 통해 얻는다는 사실에 따라] 인간의 공로에 관한 어떤 흔적도 모두 배제되어야 한다면, 구세주를 영접하는 것을 제외한 모든 인간의 행위는 구원과 아무런 관계가 없고, 따라서 인간이 저지르는 어떤 행위나 죄도 그를 구원받는 조건 바깥으로 끌어내지 못한다." 그는 이것을 장성한 자들만 받을 수 있는 단단한 음식(히 5:14)이라고 주장하지만, 내가 보기에는 지나치다.

스트롬벡의 주장이 무엇을 의미하는지는, 그가 신자의 구원에 영향을 끼치지 못하는 "범죄 행위"의 사례로 "조급하게 내뱉는 불친절한 말"에서부터 "도둑질, 거짓말, 우상숭배, 술 취함, 환락, 간통, 간음, 살인" 등을 포함시킨 131페이지의 설명에서 더 분명해진다. 그는 이러한 죄는 그 어떤 것도 신자의 구원에 영향을 끼치지 못한다고 주장한다. "하나님의 거룩한 율법과 의가 요구하는 형벌에 관한 한, 죄 문제는 사람이 그리스도께서 자기 대신 값을 치르셨음을 믿는 그 순간 영원히 최종적으로 해결된다."[10]

이런 주장을 다룰 때는 계속 온건한 태도를 유지하기가 쉽지 않다. 내가 할 수 있는 말은 이것밖에 없다. 이런 주장은 결코 은혜(grace)를 바르게 설명하는 것이 아닌, 매우 수치스러운 주장(disgrace)일 뿐이다.

스트롬벡은 이런 율법무용론을 혼자서만 주장해 온 것이 아니다. 그것은 영원한 구원 보장 이론이 나타나는 곳마다 전염병같이 따라다닌다. 예를 들어, 복음전도자 존 R. 라이스(John R. Rice)는 다음과 같이 주장한다.

---

10   같은 책, 39.

그리스도인은 죄로 인해 아버지 하나님과의 행복한 교제는 잃어버릴 수 있지만, 여전히 하나님의 자녀로서 신성한 성품에 참여하는 사람이다. 하나님께서는 그의 자녀가 범죄하면 벌하시지만 그렇더라도 그들은 여전히 하나님의 자녀다.[11]

이러한 '은총'관에 숨어 있는 율법무용론의 가장 용감한 주장은 어거스트 반 린(August Van Ryn)의 『요한 서신』(*The Epistles of John*) 중 요한1서 5장 16절("누구든지 형제가 사망에 이르지 아니하는 죄 범하는 것을 보거든 구하라 그리하면 사망에 이르지 아니하는 범죄자들을 위하여 그에게 생명을 주시리라 사망에 이르는 죄가 있으니 이에 관하여 나는 구하라 하지 않노라")에 관한 주해에서 볼 수 있다. 그는 다음과 같이 말한다.

사도는 필시 신자가 삶에서 짓는 죄는 매우 심각한 것이기에 하나님께서는 그런 사람이 이 세상에서 계속 살아가도록 허락하실 수가 없다는 사실을 언급하고 있다. 사람들은 이 구절을, 비록 신자가 천국에 가기에는 적합하더라도, 이 세상에서 계속 살기에는 적합하지 않을 수 있다는 의미로 해석해 왔다. … 이는 그런 사람들은 그리스도의 이름을 매우 더럽혀 더는 세상에 사는 것이 허용되지 않기 때문에 죽음을 통해 데려가신다는 것을 뜻한다. 그들은 그리스도의 피로 대속을 받았기에 천국에 가기에는 적합하다. 그러나 그들의 삶은 하나님께서 매우 싫어하시기에 세상에서 계속 사는 것은 허락되지 않는다.[12]

---

11   소책자, *Can a Saved Person Ever Be Lost?*, 16.
12   August Van Ryn, *The Epistles of John* (New York: Loiseaux Brothers, 1948), 요한1서 5장 16절에 대한 주해.

이런 주장은 영원한 구원 보장이라는 이론의 논리적 귀결인데, 매우 모순적이다. 이 주장은 얼마나 철저히 하나님의 말씀과 반대되는가! 성경이 무엇을 말씀하는지는 이 책 3장에서 부분적으로 살펴보았고, 앞으로 더 살펴볼 것이다.

"구세주를 영접하는 것을 제외한 모든 인간의 행위는 구원과 아무런 관계가 없다"는 스트롬벡의 말로 다시 돌아가 보면, 만약 "구세주를 영접하는 것"이 구원과 관계가 있다면, 구세주를 부인하는 것은 왜 구원과 긴밀하게 연결되어 있지 않다고 생각하는지 궁금할 따름이다. 실제로 히브리서 6장 4-6절은 그렇게 하는 것이 구원에 영향을 끼친다고 분명히 말씀하고 있다. "한 번 빛을 받고 하늘의 은사를 맛보고 성령에 참여한 바 되고 하나님의 선한 말씀과 내세의 능력을 맛보고도 타락한 자들은 다시 새롭게 하여 회개하게 할 수 없나니 이는 그들이 하나님의 아들을 다시 십자가에 못 박아 드러내 놓고 욕되게 함이라." 만약 이 구절이 최종적 배교가 가능함을 말씀하는 것이 아니라면, 언어는 아무 뜻 없는 것이 되고 만다.

어떤 죄도 신자의 최종적 구원에 영향을 끼치지 않는다고 주장하는 것은 하나님을 말씀을 정면으로 부인하는 것이다. 이사야 59장 1-2절은 다음과 같이 말씀한다. "여호와의 손이 짧아 구원하지 못하심도 아니요 귀가 둔하여 듣지 못하심도 아니라 오직 너희 죄악이 너희와 너희 하나님 사이를 갈라놓았고 너희 죄가 그의 얼굴을 가리어서 너희에게서 듣지 않으시게 함이니라."

어떤 사람, 어떤 권세, 그 어떤 것도 영혼을 하나님과 분리시키지 못한다. 그러나 죄는 사람도, 권세도, 그 어떤 것도 아니다. 그것은 하나의 선택으로서 의지적 활동이자 영혼이 갖는 하나의 태도다. 죄는 범죄하는 영혼을 하나님의 은혜에서 분리시킬 수 있고, 또 언제나 그렇게 할 것이다.

이 점에 관해 말씀하는 세 개의 다른 성경구절을 살펴보자.

- 에스겔 33장 12절은 다음과 같이 말씀한다. "인자야 너는 네 민족에게 이르기를 의인이 범죄하는 날에는 그 공의가 구원하지 못할 것이요 악인이 돌이켜 그 악에서 떠나는 날에는 그 악이 그를 엎드러뜨리지 못할 것인즉 의인이 범죄하는 날에는 그 의로 말미암아 살지 못하리라."

- 요한계시록 21장 8절은 "그러나 두려워하는 자들과 믿지 아니하는 자들과 흉악한 자들과 살인자들과 음행하는 자들과 점술가들과 우상숭배자들과 거짓말하는 모든 자들은 불과 유황으로 타는 못에 던져지리니 이것이 둘째 사망이라"라고 말씀한다.

- 요한계시록 22장 19절은 "만일 누구든지 이 두루마리의 예언의 말씀에서 제하여 버리면 하나님이 이 두루마리에 기록된 생명나무와 및 거룩한 성에 참여함을 제하여 버리시리라"라고 말씀한다.

이 세 구절 중 어떤 것이 "구세주를 영접하는 것을 제외한 모든 인간의 행위는 구원과 아무런 관계가 없다"고 말씀하는 것으로 들리는가? 성경의 어떤 구절이 "이 세상에서 살기에 적합하지 않은" 신자가 "천국에 가기에는 적합하다"는 주장을 옳다고 인정하는가? 제 아무리 경건한 삶을 사는 사람이 주장했더라도, 인간이 만들어 낸 교리가 그리스도인이 삶에서 죄 짓는 것을 허가해 주고 하나님 말씀을 부인한다면, 그것이 무슨 가치가 있는가? "그를 아노라 하고 그의 계명을 지키지 아니하는 자는 거짓말하는 자요 진리가 그 속에 있지 아니하되"(요일 2:4).

은총에 관한 교리는 신자에게 매우 소중하지만, 그것을 죄를 가리는 망토로 삼아서는 안 된다. 구원은 오직 은혜에 의한 것이지 결코 행위에 의한 것이 아니다. 하지만 구원은 살아 있고 생기 넘치는 신앙을 통해 얻는 것과 꼭 마찬가지로, 하나님과의 현재적 관계를 통해 은혜에 의해 유지된다.

신앙의 순종은 결코 공로적 행위가 아니다. 만약 순종이 하나님의 은혜에 의해 신앙을 통해 된 것이라면, 그것은 인간의 행위가 아니다. "모든 사람에게 구원을 주시는 하나님의 은혜가 나타나 우리를 양육하시되 경건하지 않은 것과 이 세상 정욕을 다 버리고 신중함과 의로움과 경건함으로 이 세상에 살고"(딛 2:11-12)라는 말씀을 기억하자. 이 구절은 신자가 행할 수 있는 그 어떤 것도 그의 최종적 구원에 영향을 주지 못한다고 가르치지 않는다.

V. 주님은 무엇이라고 말씀하시는가

이 주제에 대한 논리적 접근은 이 정도로 충분할 것이다. 스트롬벡은 영원한 구원 보장 교리를 반대하는 사람은 성경을 인용하지 않고 아무 근거도 없이 말한다고 불평한다. 그렇다면 영원한 구원 보장에 대한 그의 주장을 염두에 두고서 주님은 무엇이라 말씀하시는지 살펴보자.

우리는 두 개의 주요 성경구절 그룹, 곧 최종적 구원이 처음 믿을 때의 신앙만이 아니라 이후에 신앙을 지속했는지의 여부에도 달려 있음을 가르치는 구절들과, 거듭난 사람이 최종적으로 배교할 가능성을 직접적으로 가르치는 구절들로 나누어 살펴볼 것이다. 전체가 80개가 넘기에 부득이 몇 구절을 선별할 수밖에 없으므로, 우리는 두 그룹에서 각각 몇 개의 구절에 집중할 것이다. 이 구절들 외에도 우리가 앞서 이 장과 3장에서 인용한 구절들도 포함되어야 하는데, 그것들은 하나님의 자녀라면 누구도 죄를 지으며 살아가지 않는다는 사실을 보여 준다.

1. 구원의 신앙의 성격

최종적 구원은 은혜에 의해 신앙을 통해 얻는다. 그런데 이 신앙은 유일무이한 단 한 번의 행위가 아니라 순종으로 삶의 열매를 맺는 부단한 태도다. 다니엘 스틸 박사는 『이정표』 2장 끝부분에 인용한 발췌문에서, 신약성경에 나오는 최종적이고 영원한 구원과 연결된 신앙에 관한 모든 성구를 주의 깊게 검토했다. 그 모든 구절에서 동사는 현재 시제로 되어 있는데, 이는 구원의 신앙이 지속적 성격을 가지고 있음을 나타낸다. 따라서 사람이 한 번 신자가 되었다고 해서 언제나 신자라는 주장은 잘못된 것이다. 나는 한때 산타클로스를 믿었지만 이제는 믿지 않는다. 신앙이 구원의 효력을 갖기 위해서는 지속적이고 부단해야 한다.

그러나 동사의 시제의 의미를 떠나서라도 성경의 어조는 분명하다. 스트롬벡은 '만약'이라는 말이 없는 곳에 그것을 끼워 넣었다며 우리를 비난

한다.[13] 그러나 실상은 그와 정반대로, 하나님께서 '만일'이라는 말씀을 사용하셨음에도 그들이 그것을 삭제해 버렸다. 이런 사람들에 대해 우리가 대체 무슨 말을 할 수 있겠는가? 예를 들어, 다음의 성경구절들을 통해 영원한 구원 보장의 교리가 옳은 것일 수 있는지 생각해 보자.

요한복음 8장 31절은 "그러므로 예수께서 자기를 믿은 유대인들에게 이르시되 너희가 내 말에 거하면 참으로 내 제자가 되고"라고 말씀한다. 영원한 구원 보장 교리가 옳다면 이 구절은 "너희가 내 말에 계속 거하든 거하지 않든 너희는 참으로 내 제자다"라는 말로 바꾸는 것이 마땅할 것이다.

요한복음 8장 51절은 "진실로 진실로 너희에게 이르노니 사람이 내 말을 지키면 영원히 죽음을 보지 아니하리라"라고 말씀한다. 이 구절을 영원한 구원 보장 교리와 조화를 이루게 하고 싶으면 우리는 주님의 잘못된 말씀을 "그가 구원받은 사람이라면 내 말을 지키지 않더라도 영원히 죽음을 보지 아니하리라"라는 말로 고쳐 써야 할 것이다.

영원한 구원 보장을 주장하는 이들의 말이 맞다면, 바울은 골로새서 1장 22-23절에서 중대한 실수를 범한 것이다. 그는 그리스도의 죽으심의 목적을 "너희를 거룩하고 흠 없고 책망할 것이 없는 자로 그 앞에 세우고자 하셨으니 만일 너희가 믿음에 거하고 터 위에 굳게 서서 너희 들은 바 복음의 소망에서 흔들리지 아니하면 그리하리라"라는 말씀으로 설명한다. 스트롬벡은 자신의 책에서 신자가 행하는 어떤 것도 구원의 확실성을 변경할 수 없음을 발견했다고 말하는데, 바울은 어떻게 그의 책을 읽어 보지도 않고 그런 주장을 했는지 참으로 유감이다.

---

13   Strombeck, *Shall Never Perish*, 2.

사도는 히브리서 3장 6절에서도 바른 주장을 할 기회를 놓치고 말았다. 그는 거기서도 "그리스도는 하나님의 집을 맡은 아들로서 그와 같이 하셨으니 우리가 소망의 확신과 자랑을 끝까지 굳게 잡고 있으면 우리는 그의 집이라"라고 말하기 때문이다. 영원한 구원 보장 교리가 맞다면, 그는 "우리가 우리의 소망을 끝까지 굳게 잡지 못해도 우리는 그의 집이라"라고 말했어야 옳다.

베드로나 심지어 요한조차도 신자의 영원하고도 무조건적인 구원 보장을 제대로 가르치지 못했다. 베드로는 이렇게 말했다. "그러므로 형제들아 더욱 힘써 너희 부르심과 택하심을 굳게 하라 너희가 이것을 행한즉 언제든지 실족하지 아니하리라"(벧후 1:10). 요한은 "너희는 처음부터 들은 것을 너희 안에 거하게 하라 처음부터 들은 것이 너희 안에 거하면 너희가 아들과 아버지 안에 거하리라"(요일 2:24)라고 권고했다. 이런 잘못된 인식을 갖고 있는 형제들은 우리가 그 생각을 바르게 고쳐 주어야 한다. 베드로는 "그러므로 형제들아 너희 부르심과 택하심은 이미 확고함을 깨달으라 너희가 무엇을 행하든 너희는 결코 실족하지 아니하리라"라고 말했어야 한다. 요한도 "만일이라는 것은 없고, 의심할 일도 없다. 너희는 아들과 아버지 안에 거할 것이다"라고 썼어야 한다.

하나님의 말씀은 오해의 여지 없이 명백하다. 이 모든 말씀은 조건부 진술이다. 일반적으로 조건부 진술에서 조건에 관한 부분은 조건절, 그 결론을 말하는 부분은 결과절이라고 한다. 논리학의 가장 기본적인 교과서도, 조건적 진술의 결과절이 사실에 부합한 것으로 확정되기 위해서는 먼저 조건절이 사실에 부합한 것으로 확정되어야 한다고 가르친다.

영원한 구원 보장을 가르치는 사람들은 단 한 번의 역사적인 신앙의 행위가 하나님 앞에서 신자의 지위를 영원히 결정짓는다고 가르친다. 심지어 그 이후에 죄의 한 형태인 불신앙에 빠지더라도 그것이 최종적 구원을 위태롭게 하지 못한다. 스트롬벡은 이를 명백히 단언한다.[14]

그러나 성경이 그런 주장을 분명히 부인하는 예를 살펴 보자.

- 바울은 고린도 교회에 다음과 같이 썼다. "형제들아 내가 너희에게 전한 복음을 너희에게 알게 하노니 이는 너희가 받은 것이요 또 그 가운데 선 것이라 너희가 만일 내가 전한 그 말을 굳게 지키고 헛되이 믿지 아니하였으면 그로 말미암아 구원을 받으리라"(고전 15:1-2). 이 구절에는 "만일 내가 전한 그 말을 굳게 지키고"라는 하나의 조건적 진술이 나온다. 그러나 그것이 전부가 아니다. 이 구절에는 그들의 처음 신앙이 헛된 것이 되어 버릴 수 있다는 직접적인 선언이 나오는데, 이는 하나님께서 신실하지 못하시기 때문이 아니라 사람이 복음을 간직하는 일에 태만하면 그렇게 된다는 것이다.

- 바울은 고린도후서 1장 24절에서 또다시 "우리가 너희 믿음을 주관하려는 것이 아니요 오직 너희 기쁨을 돕는 자가 되려 함이니 이는 너희가 믿음에 섰음이라"라고 말씀한다. "너희가 믿음에 섰음이라"라는 말은 지속적으로 신앙을 유지하지 않고서는 서 있는 것이 불가능하다는 뜻이다.

---

14 같은 책, 63.

- 계속해서 바울은 디모데전서 6장 12절에서 "믿음의 선한 싸움을 싸우라 영생을 취하라 이를 위하여 네가 부르심을 받았고 많은 증인 앞에서 선한 증언을 하였도다"라고 권면한다. 디모데에게 "영생을 취하라"라고 권면한다면, 그것은 첫째로 젊은 디모데가 아직 거듭나지 못했다는 의미일 수 있는데, 이는 믿기 힘든 가정이다. 둘째로, 디모데가 이미 거듭났음에도 여전히 "믿음의 선한 싸움을 싸우라 영생을 취하라"라고 말한 것이라면, 이는 신생만으로는 아직 최종적 구원이 확정되지 않았음을 의미한다.

- 사도는 히브리서 3장 12-14절에서 그리스도 안에서의 형제들에게, 만약 영원한 구원 보장 교리가 옳다면 전혀 의미가 없는 말씀을 한다. "형제들아 너희는 삼가 혹 너희 중에 누가 믿지 아니하는 악한 마음을 품고 살아 계신 하나님에게서 떨어질까 조심할 것이요 오직 오늘이라 일컫는 동안에 매일 피차 권면하여 너희 중에 누구든지 죄의 유혹으로 완고하게 되지 않도록 하라 우리가 시작할 때에 확신한 것을 끝까지 견고히 잡고 있으면 그리스도와 함께 참여한 자가 되리라." 이 구절은 확실히 최초의 단 한 번의 신앙의 행위가 구원을 영원히 보장한다는 뜻으로 들리지 않는다. 그보다는 처음 믿었던 그 신앙이 이후에도 계속 유지되어야 한다는 의미처럼 보인다.

- 베드로도 같은 진리를 공유한다. 베드로전서 1장 5절에서 그는 "너희는 말세에 나타내기로 예비하신 구원을 얻기 위하여 믿음으로 말미암아 하나님의 능력으로 보호하심을 받았느니라"라고 말씀한다. 이는 플리머스 형제단에 속한 우리의 친구들이 영원한 구원 보장 교리를 가르치기 위해 특별히 선호하는 구절이

다. 그들이 구원을 위한 하나님의 보호하심을 말씀하는 이 구절을 좋아하는 것은 당연하다. 그런데 이 구절은, 우리가 보호하심을 받는 것은 우리의 신앙과 관계없는 것이 아니라, 신앙을 통해서임을 가르쳐준다. 우리는 신앙을 통해 최종적 구원에 이르기까지 하나님의 능력으로 보호하심을 입는다. 이 최종적 구원은 누구도 빼앗을 수 없도록 이미 우리의 소유가 되어 버린 것이 아니라, 말세가 되어야만 나타내시기로 예비되어 있다.

- 신자의 구원이란 하나님과 현재 시제로 함께하는 것이라는 성경적 증거인 이 구절을 어떻게 거부할 수 있는지 알 수가 없다. "하나님께서 각 사람에게 그 행한 대로 보응하시되 참고 선을 행하여 영광과 존귀와 썩지 아니함을 구하는 자에게는 영생으로 하시고"라고 말씀하는 로마서 2장 6-7절이나, "온전하게 되셨은즉 자기에게 순종하는 모든 자에게 영원한 구원의 근원이 되시고"라고 말씀하는 히브리서 5장 9절도 지나칠 수 없다. "이기는 자는 이와 같이 흰 옷을 입을 것이요 내가 그 이름을 생명책에서 결코 지우지 아니하고 그 이름을 내 아버지 앞과 그의 천사들 앞에서 시인하리라"라고 말씀하는 요한계시록 3장 5절도 모른 체할 수 없다.

만약 영원한 구원 보장 교리가 옳다면, 이 모든 성경 구절과 그 외에 더 추가할 수 있는 많은 다른 구절은 전적으로 그 의미를 잃게 되고, 나아가 매우 잘못된 것이 되고 만다. 그러나 우리는 "하나님만이 진실하시다"라고 주장하며, 필요하다면 "모든 사람은 거짓말쟁이"라고 말할 것이다. 살아 계신 하나님의 영원한 말씀 중 그토록 많은 내용을 무의미하거나 그릇된 것으로 만들어 버리는 교리라면 우리는 어떤 것도 받아들일 수 없다.

2. 최종적 배교의 가능성

역사적으로 단 한 번 믿는 데서 그치지 않고 그 이후로도 지속적으로 유지된 신앙을 최종적 구원의 조건으로 가르치는 앞의 본문들 외에도, 과거에 한때 구원의 신앙을 가졌던 사람이 최종적으로 배교할 가능성을 분명하게 주장하는 다수의 성경구절이 있다. 그 예들은 다음과 같다.[15]

- "내 아들 솔로몬아 너는 네 아버지의 하나님을 알고 온전한 마음과 기쁜 뜻으로 섬길지어다 여호와께서는 모든 마음을 감찰하사 모든 의도를 아시나니 네가 만일 그를 찾으면 만날 것이요 만일 네가 그를 버리면 그가 너를 영원히 버리시리라"(대상 28:9).

- "그가 나가서 아사를 맞아 이르되 아사와 및 유다와 베냐민의 무리들아 내 말을 들으라 너희가 여호와와 함께하면 여호와께서 너희와 함께하실지라 너희가 만일 그를 찾으면 그가 너희와 만나게 되시려니와 너희가 만일 그를 버리면 그도 너희를 버리시리라"(대하 15:2).

- "만일 의인이 그 공의를 떠나 죄악을 행하고 그로 말미암아 죽으면 그 행한 죄악으로 말미암아 죽는 것이요"(겔 18:26).

- "만일 의인이 돌이켜 그 공의에서 떠나 죄악을 범하면 그가 그 가운데에서 죽을 것이고"(겔 33:18).

---

15 원문에서는 각주에 성경의 출처만 나열했으나, 이곳에서는 독자의 편의를 위해 본문에 그 구절들 전체를 인용함 – 역주.

- "너희는 세상의 소금이니 소금이 만일 그 맛을 잃으면 무엇으로 짜게 하리요 후에는 아무 쓸 데 없어 다만 밖에 버려져 사람에게 밟힐 뿐이니라"(마 5:13).

- "또 너희가 내 이름으로 말미암아 모든 사람에게 미움을 받을 것이나 끝까지 견디는 자는 구원을 얻으리라"(마 10:22).

- "불법이 성하므로 많은 사람의 사랑이 식어지리라 그러나 끝까지 견디는 자는 구원을 얻으리라"(마 24:12-13).

- "또 너희가 내 이름으로 말미암아 모든 사람에게 미움을 받을 것이나 끝까지 견디는 자는 구원을 받으리라"(막 13:13).

- "믿고 세례를 받는 사람은 구원을 얻을 것이요 믿지 않는 사람은 정죄를 받으리라"(막 16:16).

- "예수께서 이르시되 손에 쟁기를 잡고 뒤를 돌아보는 자는 하나님의 나라에 합당하지 아니하니라 하시니라"(눅 9:62).

- "나는 참포도나무요 내 아버지는 농부라 무릇 내게 붙어 있어 열매를 맺지 아니하는 가지는 아버지께서 그것을 제거해 버리시고 무릇 열매를 맺는 가지는 더 열매를 맺게 하려 하여 그것을 깨끗하게 하시느니라"(요 15:1-2).

- "나는 포도나무요 너희는 가지라 그가 내 안에, 내가 그 안에 거하면 사람이 열매를 많이 맺나니 나를 떠나서는 너희가 아무것도 할 수 없음이라 사람이 내 안에 거하지 아니하면 가지처럼 밖에 버려져 마르나니 사람들이 그것을 모아다가 불에 던져 사르느니라"(요 15:5-6).

- "너희가 육신대로 살면 반드시 죽을 것이로되 영으로써 몸의 행실을 죽이면 살리니"(롬 8:13).

- "또한 너희가 이 시기를 알거니와 자다가 깰 때가 벌써 되었으니 이는 이제 우리의 구원이 처음 믿을 때보다 가까웠음이라"(롬 13:11).

- "내가 내 몸을 쳐 복종하게 함은 내가 남에게 전파한 후에 자신이 도리어 버림을 당할까 두려워함이로다"(고전 9:27).

- "형제들아 나는 너희가 알지 못하기를 원하지 아니하노니 우리 조상들이 다 구름 아래에 있고 바다 가운데로 지나며 모세에게 속하여 다 구름과 바다에서 세례를 받고 다 같은 신령한 음식을 먹으며 다 같은 신령한 음료를 마셨으니 이는 그들을 따르는 신령한 반석으로부터 마셨으매 그 반석은 곧 그리스도시라 그러나 그들의 다수를 하나님이 기뻐하지 아니하셨으므로 그들이 광야에서 멸망을 받았느니라 이러한 일은 우리의 본보기가 되어 우리로 하여금 그들이 악을 즐겨 한 것같이 즐겨 하는 자가 되지 않게 하려 함이니 그들 가운데 어떤 사람들과 같이 너희는 우상숭배하는 자가 되지 말라 기록된 바 백성이 앉아서 먹고 마시며 일어나서 뛰논다 함과 같으니라 그들 중의 어떤 사람들이 음행하다가 하루에 이만 삼천 명이 죽었나니 우리는 그들과 같이 음행하지 말자 그들 가운데 어떤 사람들이 주를 시험하다가 뱀에게 멸망하였나니 우리는 그들과 같이 시험하지 말자 그들 가운데 어떤 사람들이 원망하다가 멸망시키는 자에게 멸망하였나니 너희는 그들과 같이 원망하지 말라 그들에게 일어난 이런 일은 본보기가 되고 또한 말세를 만난 우리를 깨우치기 위하여 기

록되었느니라 그런즉 선 줄로 생각하는 자는 넘어질까 조심하라"(고전 10:1-12).

- "우리가 하나님과 함께 일하는 자로서 너희를 권하노니 하나님의 은혜를 헛되이 받지 말라"(고후 6:1).

- "믿음과 착한 양심을 가지라 어떤 이들은 이 양심을 버렸고 그 믿음에 관하여는 파선하였느니라 그 가운데 후메내오와 알렉산더가 있으니 내가 사탄에게 내준 것은 그들로 훈계를 받아 신성을 모독하지 못하게 하려 함이라"(딤전 1:19-20).

- "젊은 과부는 올리지 말지니 이는 정욕으로 그리스도를 배반할 때에 시집가고자 함이니 처음 믿음을 저버렸으므로 정죄를 받느니라 … 이미 사탄에게 돌아간 자들도 있도다"(딤전 5:11-12, 15).

- "그러므로 내가 택함 받은 자들을 위하여 모든 것을 참음은 그들도 그리스도 예수 안에 있는 구원을 영원한 영광과 함께 받게 하려 함이라 미쁘다 이 말이여 우리가 주와 함께 죽었으면 또한 함께 살 것이요"(딤후 2:10-11).

- "나의 의인은 믿음으로 말미암아 살리라 또한 뒤로 물러가면 내 마음이 그를 기뻐하지 아니하리라 하셨느니라"(히 10:38).

- "너희는 하나님의 은혜에 이르지 못하는 자가 없도록 하고 또 쓴 뿌리가 나서 괴롭게 하여 많은 사람이 이로 말미암아 더럽게 되지 않게 하며"(히 12:15).

- "오직 각 사람이 시험을 받는 것은 자기 욕심에 끌려 미혹됨이니 욕심이 잉태한즉 죄를 낳고 죄가 장성한즉 사망을 낳느니라 내 사랑하는 형제들아 속지 말라"(약 1:14-16).

- "또 너희가 열심으로 선을 행하면 누가 너희를 해하리요"(벧전 3:13).

- "그러므로 사랑하는 자들아 너희가 이것을 미리 알았은즉 무법한 자들의 미혹에 이끌려 너희가 굳센 데서 떨어질까 삼가라"(벧후 3:17).

- "너희는 처음부터 들은 것을 너희 안에 거하게 하라 처음부터 들은 것이 너희 안에 거하면 너희가 아들과 아버지 안에 거하리라"(요일 2:24).

- "아들이 있는 자에게는 생명이 있고 하나님의 아들이 없는 자에게는 생명이 없느니라"(요일 5:12).

- "너희가 본래 모든 사실을 알고 있으나 내가 너희로 다시 생각나게 하고자 하노라 주께서 백성을 애굽에서 구원하여 내시고 후에 믿지 아니하는 자들을 멸하셨으며 또 자기 지위를 지키지 아니하고 자기 처소를 떠난 천사들을 큰 날의 심판까지 영원한 결박으로 흑암에 가두셨으며"(유 1:5-6).

- "그러나 너를 책망할 것이 있나니 너의 처음 사랑을 버렸느니라 그러므로 어디서 떨어졌는지를 생각하고 회개하여 처음 행위를 가지라 만일 그리하지 아니하고 회개하지 아니하면 내가 네게 가서 네 촛대를 그 자리에서 옮기리라"(계 2:4-5).

또 다른 관련 성경구절은 다음과 같다.

- 마태복음 18장 34-35절은 "주인이 노하여 그 빚을 다 갚도록 그를 옥졸들에게 넘기니라 너희가 각각 마음으로부터 형제를 용서하지 아니하면 나의 하늘 아버지께서도 너희에게 이와 같이

하시리라"라고 말씀한다. 이 구절의 전후 문맥은, 죄를 용서받은 사람이 만약 자신이 용서해야 할 때가 왔을 때 자신에게 죄 지은 사람을 용서하기를 거절한다면, 그는 또다시 스스로 자기 죄의 책임을 져야 할 것이라는 사실을 매우 명백하게 보여 준다.

- 누가복음 8장 13절은 "바위 위에 있다는 것은 말씀을 들을 때에 기쁨으로 받으나 뿌리가 없어 잠깐 믿다가 시련을 당할 때에 배반하는 자요"라고 말씀한다. 이 구절은 비유지만 진리를 가르친다. 그것은 곧 하나님의 말씀을 기쁨으로 받아들였으나, 이후에는 타락해 멸망하는 신자가 많을 것이라는 사실이다.

- 누가복음 12장 42-46절은 다음과 같이 말씀한다. "주께서 이르시되 지혜 있고 진실한 청지기가 되어 주인에게 그 집 종들을 맡아 때를 따라 양식을 나누어 줄 자가 누구냐 주인이 이를 때에 그 종이 그렇게 하는 것을 보면 그 종은 복이 있으리로다 내가 참으로 너희에게 이르노니 주인이 그 모든 소유를 그에게 맡기리라 만일 그 종이 마음에 생각하기를 주인이 더디 오리라 하여 남녀 종들을 때리며 먹고 마시고 취하게 되면 생각하지 않은 날 알지 못하는 시각에 그 종의 주인이 이르러 엄히 때리고 신실하지 아니한 자의 받는 벌에 처하리니." 아들이나 친구가 아닌 종이 주인의 모든 소유를 관리한다는 사실을 기꺼이 받아들이지 않는다면, 여기서 예수님이 아들이나 친구가 아닌 종에 대해 말씀하신 것이라고 말해도[16] 아무 소용이 없을 것이다. 지혜 있고 진실한 경우든, 거짓되고 충성스럽지 못한 경우든 모두가 종에게 일어날 수 있는 일이다.

---

16 Strombeck, *Shall Never Perish*, 136.

- 로마서 11장 20-22절은 다음과 같이 말씀한다. "옳도다 그들은 믿지 아니하므로 꺾이고 너는 믿으므로 섰느니라 높은 마음을 품지 말고 도리어 두려워하라 하나님이 원가지들도 아끼지 아니하셨은즉 너도 아끼지 아니하시리라 그러므로 하나님의 인자하심과 준엄하심을 보라 넘어지는 자들에게는 준엄하심이 있으니 너희가 만일 하나님의 인자하심에 머물러 있으면 그 인자가 너희에게 있으리라 그렇지 않으면 너도 찍히는 바 되리라." 영원한 구원 보장을 주장하려는 어떤 노력도, 최종적 구원을 위해서는 하나님의 인자하심 속에 계속 머무는 것이 반드시 필요하다는 본문의 의미를 모호하게 만들 수 없다.

- 고린도전서 8장 10-11절은 "지식 있는 네가 우상의 집에 앉아 먹는 것을 누구든지 보면 그 믿음이 약한 자들의 양심이 담력을 얻어 우상의 제물을 먹게 되지 않겠느냐 그러면 네 지식으로 그 믿음이 약한 자가 멸망하나니 그는 그리스도께서 위하여 죽으신 형제라"라고 말씀한다. 이 구절은 한 사람이 다른 사람의 구원에 끼칠 수 있는 영향력의 중요성을 증거한다. 즉, 더 믿음이 강한 그리스도인의 영향력이 그 원래의 목적대로 바르게 발휘되지 않는다면, 그리스도께서 구원하시기 위해 피 흘려 주신 사람도 그들의 잘못으로 인해 멸망할 수 있다는 것이다.

- 갈라디아서 5장 1절과 4절은 "그리스도께서 우리를 자유롭게 하려고 자유를 주셨으니 그러므로 굳건하게 서서 다시는 종의 멍에를 메지 말라 … 율법 안에서 의롭다 함을 얻으려 하는 너희는 그리스도에게서 끊어지고 은혜에서 떨어진 자로다"라고 말씀한다. 이는 그리스도를 믿는 신앙을 포기하고 율법으로 돌아가

도록 유혹을 받고 있는, 믿음이 어린 그리스도인들을 향한 말씀이다. 즉, 만약 그렇게 하면 그리스도의 은혜에서 끊어져 타락하게 된다고 분명히 경고한다.

- 데살로니가전서 3장 5절은 "이러므로 나도 참다 못하여 너희 믿음을 알기 위하여 그를 보내었노니 이는 혹 시험하는 자가 너희를 시험하여 우리 수고를 헛되게 할까 함이니"라고 말씀한다. 만약 데살로니가 교회 신자들이 한 번 믿음을 가졌기에 영원한 구원을 보장받은 것이 사실이라면, 어떻게 사도는 자신의 수고가 수포로 돌아갈 가능성에 대해 염려할 수 있겠는가?

- 디모데전서 4장 1절은 "그러나 성령이 밝히 말씀하시기를 후일에 어떤 사람들이 믿음에서 떠나 미혹하는 영과 귀신의 가르침을 따르리라 하셨으니"라고 말씀한다. 누군가가 믿음에서 떠난다는 것은 믿음을 가졌기에 떠나는 것이지 자신이 한 번도 가지지 않았던 믿음에서 떠날 수는 없다. 마지막 때는 배교의 시간이 될 것이다.

- 히브리서 10장 26-29절은 다음과 같이 말씀한다. "우리가 진리를 아는 지식을 받은 후 짐짓 죄를 범한즉 다시 속죄하는 제사가 없고 오직 무서운 마음으로 심판을 기다리는 것과 대적하는 자를 태울 맹렬한 불만 있으리라 모세의 법을 폐한 자도 두세 증인으로 말미암아 불쌍히 여김을 받지 못하고 죽었거든 하물며 하나님의 아들을 짓밟고 자기를 거룩하게 한 언약의 피를 부정한 것으로 여기고 은혜의 성령을 욕되게 하는 자가 당연히 받을 형벌은 얼마나 더 무겁겠느냐 너희는 생각하라." 이 구절은 최종적

배교의 가능성에 대한 강력한 선언으로, 심지어 그리스도의 언약의 피로 거룩하게 되었던 사람도 배교할 수 있다고 말씀한다. 여기에는 과거에 구원받았던 사람도 최종적 배교가 가능하다는 사실에 대한 어떤 불확실성도 없다.

- 야고보서 5장 19-20절은 다음과 같이 말씀한다. "내 형제들아 너희 중에 미혹되어 진리를 떠난 자를 누가 돌아서게 하면 너희가 알 것은 죄인을 미혹된 길에서 돌아서게 하는 자가 그의 영혼을 사망에서 구원할 것이며 허다한 죄를 덮을 것임이라." 이 구절은 그리스도를 믿는 신앙을 가진 형제였다 진리를 떠난 사람, 곧 일반적으로 배교자로 불리는 사람에 대해 말씀한다. 그런 사람도 다시 회심하면, 그 영혼은 죽음에서 구원을 받아 그리스도의 보혈이 그의 허다한 죄를 덮는다.

- 베드로후서 2장 20-21절은 다음과 같이 말씀한다. "만일 그들이 우리 주 되신 구주 예수 그리스도를 앎으로 세상의 더러움을 피한 후에 다시 그중에 얽매이고 지면 그 나중 형편이 처음보다 더 심하리니 의의 도를 안 후에 받은 거룩한 명령을 저버리는 것보다 알지 못하는 것이 도리어 그들에게 나으니라." 이 구절에서 우리 주 예수 그리스도를 앎으로 세상의 더러움을 피했다 다시 더러움에 얽매이는 것을, 구원과 배교 문제가 아닌 인간의 개선 문제와만 연결 지으려는 것은 쓸모없는 노력이다. 베드로의 서신 전체는 이미 그리스도를 믿었던 사람의 신앙을 파괴하고 그 영혼을 망하게 하는 거짓 선지자의 영향력에 관해 경고함으로 교회에 경종을 울리기 위한 것이다. 최종적 배교 가능성이 사실이 아니라면, 이런 권고의 말씀은 결코 주어질 수 없다.

- 요한2서 1장 8-9절은 "너희는 스스로 삼가 우리가 일한 것을 잃지 말고 오직 온전한 상을 받으라 지나쳐 그리스도의 교훈 안에 거하지 아니하는 자는 다 하나님을 모시지 못하되 교훈 안에 거하는 그 사람은 아버지와 아들을 모시느니라"라고 말씀한다. 그리스도의 교훈 안에 계속 거하는 것과 더는 죄를 범하지 않는 것은, 하나님께 속하고 영원한 생명을 소망하는 일의 부단한 전제 조건이 된다.

바로 이것이 주님의 가르침이다.

VI. 참된 구원 보장과 거짓된 구원 보장

우리가 그리스도 안에서 누리는 안전은 아무런 위험조차 없다는 것을 의미하지 않는다. 거짓된 안전을 붙드는 것은 위험이 존재한다는 사실조차 부인하게 함으로 사람의 마음을 최악의 상태에 빠뜨릴 수 있다. 참된 안전은 언제나 위험한 일이 일어날 수 있음을 자각함으로 그것에 대처할 방안이 무엇인지를 알 때 가능하다. 넘어질 수 있는 실제적 위험에 처해 있는 사람은 자신이 안전하게 서 있다고 생각하는 사람이다(고전 10:12, "그런즉 선 줄로 생각하는 자는 넘어질까 조심하라").

바로 이 점에 기이한 역설이 존재한다. 성결과 참된 구원의 보장에는 두 가지 곧 신적 측면과 인간적 측면이 존재한다. 우리의 케직파 형제들은 성결의 신적 측면을 부인해, 성결을 인간의 실천으로 이루어지는 정화로 생각한다. 다른 면에서 그들은 구원의 보장과 관련해 인간적 측면을 부인함으로, 구원의 보장이 전적으로 하나님께만 달린 것으로 만들어 버렸다. 이 두 가지 오류 모두에 대한 해결책은, 하나님께서 은혜를 간구하는 모든 사람에게 값없이 능력을 부어 주심으로 자신과 잃어버린 사람들의 영혼을 구원하는 일에 하나님과 동역하게 하시는 것이 은혜의 참된 특성임을 아는 데 있다.

그리스도를 믿는 모든 신자에게는 실제로 구원이 보장된다. 그 구원의 보장은 은혜의 교리를 그럴듯하게 왜곡하는 것이 아니라 하나님과 생명력 있는 관계를 유지하는 데 있다. 영원한 구원 보장 교리를 주장하는 우리의 형제들 중 어떤 사람은 우리가 가르치는 구원의 보장을 왜곡해, "신자는 영원히 안전하지 않다는 아르미니우스주의 교리"(채퍼)나 신자의 "확신의 상실"(스트롬벡) 등으로 표현한다. 더글라스 C. 하틀리(Douglas C. Hartley)는 「신자의 구원 보장」(The Security of the Believer)이라는 논문에서 다음과 같이 주장한다.

> 자신이 구원을 상실할 수 있다고 믿는 그리스도인은 많은 것을 잃고 '근심하는 마음'(눅 12:29)이 되어, 마땅히 섬겨야 하는 바른 모습으로 하나님을 섬기지 못한다. 사실 그중 많은 사람이 영원한 구원 보장을 믿는 사람들보다 더 뛰어난 사역을 하기도 한다. 그럼에도 그들은 자신의 구원 문제를 염려한 나머지 온전한 역량을 발휘하지 못한다. 그들은 구원의 감격과 타락했을 때 느낀 죽음의 공포에서의 자유, 그리스도께서 온전한 희생제물이 되신다는 진리를 온전히 경험하지 못한다. 나아가 자신의 구원에 대한 염려에 빠져 있기에 구원받지 못한 사람에 대한 하나님의 돌봄에도 온전히 참여하지 못한다.

자신들 스스로가 충분히 신뢰하지도 못하는 분을 어떻게 다른 사람에게 소개할 수 있겠는가? 그들은 그리스도의 완성된 사역에서 표현된 하나님의 사랑에도, 약속의 말씀과 그리스도인의 특권에도 자신을 전적으로 내맡기지 않고, 또 그렇게 할 수도 없기 때문에 자신의 신앙부터 결핍되어 있다. 그들은 전능하신 하나님의 능력 대신 자신의 연약한 힘에 의지해 '빛의 자녀들처럼 행하려'(엡 5:8) 한다. 또 그리스도의 죽음이 자신을 율법에서 온전히 해방시키지 않았다고 믿기에 두려움의 노예가 된 채 '자유를 위한 부르심'(갈 5:13)을 입지 못하며, "진리가 너희를 자유케 하리라"(요 8:32)라는 말씀을 믿지 않는다.[17]

이런 주장은 아르미니우스주의와 웨슬리주의를 완전히 전적으로 오해한 것이다. 사실 그리스도인의 확신의 교리는 웨슬리안 부흥운동이 개신교 역사에 직접적으로 기여한 결과물이다. 저자는 아마도 자신의 영혼을 잃어버릴 위험 속에 있다는 상상으로 고통받는 아르미니우스주의 그리스도인 형제를 한 번도 만나 보지 못한 채 그런 주장을 했을 것이다.

거듭난 하나님의 자녀는, 사람이 자신의 신체에 위해를 가해 자살할까 봐 두려워하지 않는 것과 마찬가지로, 구원을 잃어버릴 두려움에 빠지지 않는다. 우리는 그를 자살의 공포에서 건져내기 위해 '너는 자살할 가능성이 전혀 없어'라고 설득할 필요가 없다. 그리스도인이 확신을 잃게 되는 유일한 이유는 죄로 인해 정죄를 받기 때문이다. 이 책 3장에서 보았듯, 하나님께서는 그런 정죄를 해결하는 순간적이고 완전한 치료책을 주셨다. 다시 타락하게 될 것을 두려워함으로 낙심에 빠지는 모든 사람에 대한 반작용으

---

17 Douglas C. Hartley, "The Security of the Believer," *The King's Business*, July, 1952, 9.

로, 무조건적 구원 보장이라는 거짓된 교리를 추종한 나머지 율법무용론적 경솔함의 늪에 빠지는 많은 사람이 있다.

그러나 그리스도인의 영혼의 안전은 하나님의 은혜의 현재적 특성에서 찾을 수 있다. 그것은 곧 구원하시는 은혜와 성결하게 하시는 은혜, 그리고 보존하시는 은혜다.

이것이 인간의 억측이 뒤섞이지 않은 참된 구원 보장의 교리다.

이것이 죄 짓는 것을 방조하지 않는, 영혼의 참된 안전이다.

이 안전은 신자에게 남아 있는 죄로 향하는 내적 성향을 파괴하고 그 내면에 하나님의 사랑을 온전케 하시는 완전 성화의 은혜에서 정점에 달한다. "그러므로 우리가 믿음으로 의롭다 하심을 받았으니 우리 주 예수 그리스도로 말미암아 하나님과 화평을 누리자 또한 그로 말미암아 우리가 믿음으로 서 있는 이 은혜에 들어감을 얻었으며 하나님의 영광을 바라고 즐거워하느니라"(롬 5:1-2). "모든 사람과 더불어 화평함과 거룩함을 따르라 이것이 없이는 아무도 주를 보지 못하리라 너희는 하나님의 은혜에 이르지 못하는[떨어지는 자가] 없도록 하고 또 쓴 뿌리가 나서 괴롭게 하여 많은 사람이 이로 말미암아 더럽게 되지 않게 하며"(히 12:14-15).

신자의 내면적인 구원 보장은 신자의 마음에서 행하시는 성령의 사역을 통해 이루어진다. 모든 진리로 인도하시고, 영혼을 감당치 못할 시험에서 지켜주시며, "우리를 사랑하시는 이로 말미암아 우리로 넉넉히 이기게"(롬 8:37) 하시는 은혜를 공급해 주시는 것이 성령께서 행하시는 복된 사역이기 때문이다.

다니엘 스틸, 『성결과 헬라어 시제』

과학이 눈부시게 발전한 오늘날 현미경으로 생체조직을 자세히 들여다보면, 우리는 세상에 존재하는 모든 생명체가 설계되었음을 알 수 있는데, 이는 무신론에 대항해온 유신론의 입장을 놀랍게 지지한다. 이같이 우리는 논란이 있는 신학 주제들에서 교리적 오류를 바로잡기 위해 성서 주해의 도움을 받아 헬라어 성경을 자세히 들여다보고자 한다. 지금까지 충분히 연구되지 않은 헬라어 시제를 현미경으로 활용할 것인데, 이는 새로운 진리를 발견하기 위해서가 아니라, 계시로 주어진 옛 진리를 확증하고 설명하기 위해서다.

하나님의 섭리는 기독교의 다양한 진리를 입증하는 증거들이 점점 더 축적되게 하신다. 티셴도르프(Tischendorf)가 곰팡이 냄새 나는 동방의 도서관들을 뒤지다, 게으르고 술에 찌든 그리스 수도사들 사이에 오랫동안 숨겨져 있던 신약성경 사본을 세상에 공개한 것이 그 섭리 중 하나다. 스미스(Smith)가 오랫동안 방치되어온 한 묘지 지역에서 니느웨 유적지를 발굴해 즉시 구약성경의 역사성을 의심해온 사람들에게 그 신빙성의 증거를 제시한 것도 마찬가지다. 슐리만(Schliemann) 역시 옛 트로이를 발굴해, 맥주잔을 옆에 두고 입에 파이프를 물고서 일리움(Ilium, 트로이의 라틴어 이름 – 역주)은 신화에 불과하고, 『일리아드』는 세대를 이어가며 그리스를 떠돌던 음유시인들이 신화를 만들어내는 능력이 얼마나 대단했는지를 보여주는 멋진 소설일 뿐이라고 자신만만하게 주장하던 독일 비평가들을 혼란에 빠뜨렸다. 성서 주해 분야에서는 최근 악센트, 불변사, 시제, 강조어의 순서 등에 대한 면밀한 문법적 분석이 발전했다. 이는 현대 학문이 더 큰 정확성을 추구함에 따른 결과다. 그럼에도 표준적인 성서 주석 대부분은 헬라어의 정밀성을 경시하도록 배워온 주석가들의 작품이다. 하지만 알포드(Alford) 주임사제와 엘리코트(Ellicott) 주교, 그리고 최근의 여러 성서학자들은 현대 학문이라는 현미경을 통해 발견한 진리의 보석들로 성경을 더 풍요롭게 이해할 수 있도록 주해하고 있다. 그들은 종종 동사의 시제에 주목하는데, 이는 시제 자체가 중요한 진리를 전달하기 때문이다. 와이너(Winer)나 그보다 젊은 부트만(Buttmann) 같은 최근의 신약 헬라어 문법학자들은 이전 주석가들이 시제의 가치에 대해 무지했다며 분개하면서 질타한다. 헬라어 성서 문법에 관한 최고 권위자 와이너는 이렇게 말한다. "헬라어 성서 문법학자들과 강해자들은 동사의 시제에 관해 크게 오해해 왔다. 일반적으로 신약성경에서 사용된 시제들은 일반 헬라어 저술가들의 작품과 똑같이 정확성을 기하고 있다." 그러면서 시제를 소홀히 다루는 대표적인 사람인 베르톨트(Berthold)의 다음 말을 인용한다. "시제 사용에서 신약성경 저자들이 문법 규칙에 거의 관심을 갖지 않았다는 것은 잘 알려진 사실이다." 그러나 와이너는 이런 비난에 반대하면서 "엄밀하고 적절하게 말해, 이 시제들(부정과거, 미완료, 완료, 과거완료) 중 어느 것도 주석가들이 주장하는 것처럼 다른 시제 대신 사용된 적이 없다"고 주장한다. 영어권 학자들이 우리의 주장과 예시를 쉽게 이해할 수 있도록 우리는 다음과 같이 정의하고자 한다.

- 현재형은 어떤 일이 지금 일어나고 있음을 의미하고, 지속적이고 반복적이며 습관적인 행위를 가리킨다. 예를 들면, "나는 기록하고 있다"(I am writing)와 같은 것이다.

- 미완료형은 동일하게 지속적이고 반복적인 행위가 과거에 있었음을 의미한다. 예를 들어, "나는 기록하고 있었다"(I was writing)와 같은 것이다.

- 아오리스트(부정과거, 앞으로는 모두 아오리스트로 표기함 - 역주) 직설법은, 굿윈(Goodwin)이 설명한 대로, "단순히 과거에 어떤 행위가 순간적으로 발생했음을 표현한다." 예를 들어, "나는 기록했다"(I wrote)와 같은 것이다.

- 완료형은 현재는 이미 끝난 행동을 의미한다. 예를 들어, "나는 지금 기록하는 일을 끝낸 상태다"(my writing is just now finished), 즉 "나는 기록을 마쳤다"(I have written)와 같은 것이다. 또 완료형은 그 결과가 지금까지 계속되고 있음을 나타낸다. 성경에 자주 등장하는 "기록되었으되"(It is written)라는 표현은 문자 그대로 기록하는 일이 끝났고, 현재도 기록으로 남아 있음을 뜻한다. 완료형으로 문이 닫혔다는 것은 지금도 닫혀 있는 상태를 의미한다.

- 과거완료형은 과거의 어떤 행동보다 먼저 일어난 행동을 가리킨다.

시제들 중 가장 특이한 것이 아오리스트인데, 영어에는 이 시제가 없다. 아오리스트는 직설법으로 사용할 때를 제외하면 과거, 현재, 미래와 관계없이 모든 경우 크루거(Krueger)가 '동작의 단일성'이라 지칭한 것을 가리키는데, 번역자들은 헬라어에 대응하는 영어 단어를 찾을 수 없어 에둘러 이 개념을 표현할 수밖에 없다. 알포드는 "시제를 미세하게 구분하는 데 약한 영어는 헬라어라는 경이로운 언어에 필적할 수 없어, 종종 부정확하게 표현할 수밖에 없다"고 말한다. 그의 주석은 시제의 온전한 의미를 분명히 이끌어내려는 시도로 가득하다. 예를 들어, 고린도후서 12장 7절의 "나를 쳐서"(현재형)에 대해 "이 동사는 현재형일 때 의미를 가장 잘 전달한다. 만약 아오리스트가 사용되었다면 그 같은 모욕적 행동이 단 한 번 뿐이었음을 뜻할 것이다"라고 설명한다. 크리소스톰(Chrysostom)과 테오필락토(Theophylact) 역시 동일하게 설명한 적이 있다.

아오리스트는 중생과 완전 성화에서 성령께서 순간적으로 역사하심을 시사함에도, 이 학식 있는 저술가들, 특히 엘리코트 주교와 알포드 주임사제는 교리적인 이유로 아오리스트의 중요한 역할에 주의를 환기시키기를 주저하면서, 단지 세례에 의한 중생이 단 일회적인 것임을 설명하는 데 그친다.

독자 중 일부는 교리적인 이유나 편견으로 아오리스트에서 추론하는 것에 반대하려 할지도 모르기에, 우리는 다음 권위자들의 말을 인용함으로 우리의 입장을 옹호하려 한다. 부트만은 최근 저술한 『신약문법』에서 이렇게 말한다. "(순간적인 동작을 표현하는) 순수한 서사적 시제(narrative tense)로서의 아오리스트와, (동시적이거나 계속적인 동작을 표현하는) 기술적 시제(descriptive tense)로서의 미완료를 확정적으로 구별하는 것은 신약성경에서 전적으로 유효하다.” 와이너는 “신약성경 어디서도 아오리스트는 관례적으로 발생하는 일을 표현하지 않는다”고 말한다. 마이어(Meyer)도 “아오리스트는 신약성경 어디서도 습관을 나타내지 않는다”고 말한다. 이러한 원칙을 통해 우리는 다음의 몇 가지 중요한 사실을 발견한다. 실례를 인용하면 다음과 같다.

1. 유혹에 저항하는 기도와 영적 노력에 대한 모든 권면은, 지속성을 강하게 나타내는 현재 시제로 표현하는 것이 일반적이다.

- 마 7:7, “구하라(현재형 – 계속 구하라) 그리하면 너희에게 주실 것이요 찾으라(현재형 – 반복해서 찾으라) 그리하면 찾아낼 것이요 문을 두드리라(현재형 – 참을성 있게 문을 두드리라) 그리하면 너희에게 열릴 것이니.”

- 막 11:24, “그러므로 내가 너희에게 말하노니 무엇이든지 기도하고(현재형 – 끈기 있게 기도하고), 구하는(현재형 – 끊임없이 구하는) 것은 받은 줄로 믿으라(현재형 – 계속해서 받은 줄로 믿으라) 그리하면 너희가 받아(아오리스트) 너희에게 그대로 되리라” (알포드 역).

- 눅11:10, 구하는(현재 – 끈기 있게 구하는) 이마다 받을 것이요 찾는(현재 – 지칠 줄 모르게 찾는) 이는 찾아낼 것이요 두드리는(현재 – 끊임없이 계속 두드리는) 이에게는 열릴 것이니라.”

- 눅 11:13, “너희가 악할지라도 좋은 것을 자식에게 줄 줄 알거든 하물며 너희 하늘 아버지께서 구하는(현재형 – 끈질기게 구하

는) 자에게 성령을 주시지 않겠느냐 하시니라.” 이 교훈은 누가복음 18장 1절에서도 분명하게 나타난다.

- 요 16:24, “지금까지는 너희가 내 이름으로 아무것도 구하지(현재형 – 끊임없이 구하지) 아니하였으나 구하라(현재형 – 끊임없이 구하라) 그리하면 받으리니 너희 기쁨이 충만하리라(완료형 – 그 후로도 계속 충만한 기쁨을 누릴 것이다).”

- 눅 13:24, “좁은 문으로 들어가기를(아오리스트 – 단번에 들어가기를) 힘쓰라(현재형 – 끊임없이 필사적으로 힘쓰라).”

- 눅 18:13, “세리는 멀리 서서 감히 눈을 들어 하늘을 쳐다보지도 못하고 다만 가슴을 치며(미완료 – 계속 치며) 이르되 하나님이여 불쌍히 여기소서(아오리스트) 나는 죄인이로소이다 하였느니라.” 세리에게서는 죄를 용서받는 조건이 지속적으로 이루어지고 있었다.

- 약 1:5-6, “너희 중에 누구든지 지혜가 부족하거든 모든 사람에게 후히 주시고 꾸짖지 아니하시는 하나님께 구하라(현재형 – 계속 구하라) … 오직 믿음으로 구하고(현재형 – 반복해서 구하고).”

- 히 11:6, “믿음이 없이는 하나님을 기쁘시게 하지 못하나니 하나님께 나아가는(현재형 – 끈질기게 나아가는) 자는 반드시 (1) 그가 계신 것과 (2) 또한 그가 자기를 찾는 자들에게 상 주시는 이심을 믿어야(아오리스트 – 앞의 두 가지 사실을 결정적으로 파악해야) 할지니라.”

이러한 현재 시제의 사용에서 주목할 만한 예외가 그리스도께서 십자가를 지시기 전 마지막으로 하신 말씀(요 14-16장)에 나온다.

- 요 14:13-14, "너희가 내 이름으로 무엇을 구하든지(아오리스트) 내가 행하리니 이는 아버지로 하여금 아들로 말미암아 영광을 받으시게 하려 함이라 내 이름으로 무엇이든지 내게 구하면 내가 행하리라."

- 요 16:23-24, "(23) 그날에는 너희가 아무것도 내게 묻지 아니하리라 내가 진실로 진실로 너희에게 이르노니 너희가 무엇이든지 아버지께 구하는(아오리스트) 것을 내 이름으로 주시리라 (24) 지금까지는 너희가 내 이름으로 아무것도 구하지(아오리스트) 아니하였으나 구하라(현재형) 그리하면 받으리니 너희 기쁨이 충만하리라."

여기서 주님은 처음으로 자신의 이름으로 기도하라고 명령하시는데, 이는 믿음으로 성부께 드려질 때 그 이름이 갖는 모든 권세의 영향력을 나타내는 듯하며, 기도에 아오리스트 시제가 사용된 것은, 하나님의 사랑하시는 성자의 이름으로 단 한 번 구하더라도 하나님은 들으신다는 사실을 가르치시는 듯하다. 특히 16장에서 23절은 아오리스트를 사용하였음에도, 24절은 현재형(계속해서 구하라)을 사용하는데, 이는 아마도 예수 그리스도의 이름을 온전히 믿게 되기까지 기도하기를 격려해야 할 반신반의하는 신자가 많을 것을 미리 내다보셨기 때문일 것이다.

2. 연구에서 발견한 두 번째 인상적인 사실은, 최종적 구원의 조건을 말할 때는 언제나 아오리스트가 아닌 현재형이 사용된다는 것이다.

여기서 우리는 궁극적 구원의 조건은 지속적인 것이기에 시험 기간 전체에 걸쳐 요구되지, 단 한 번의 행위로 충족되는 것이 아님을 추론할 수 있다. 가장 중요한 조건은 예수 그리스도를 믿는 신앙이다. 헬라어를 주의 깊게 연구한 사람은, 플리머스 형제단(Plymouth Brethren)과 일부 유명한 평신도 전도자들이 주장하듯, 마치 단번의 완납으로 영구히 혜택을 받는 보험같이 사람이 단 한 번만 믿어도 영생을 상속받거나 천국행 티켓을 확보한다고 가르치는 것이 매우 잘못된 것임을 확신하게 된다. 헬라어 시제는, 신앙이 신자가 칭의에 들어가는 상태이자 마음의 태도임을 보여준다. 뉴욕의 존 홀(John Hall) 박사는 구원의 신앙에 대해 널리 퍼져 있는 잘못된 생각을 다음과 같이 설명한다.

어린 소녀가 권총 사격 연습하는 것을 본 적이 있습니까? 소년이라고 말하지 않는 것은, 남자 아이들은 대체로 그런 일에 용감하기 때문입니다. 나는 젊은 여성이 사격 연습 하는 것을 본 적이 있는데 상당히 흥미로웠습니다. 그것이 많은 사람이 신앙에 대해 가진 잘못된 개념을 보여주는 사례가 될 수 있습니다. 권총이 장전되어 젊은 여성에게 전달됩니다. 여성은 격발될까 두려워 조심스럽게 권총을 손에 쥡니다. 이제 그것을 해내려 합니다. 앞에는 표적이 있습니다. 손에 권총을 들고 멀리 내밀어 정확히 조준합니다. 그러나 쏘지는 않고, 약간 무서워 떨다 손을 내립니다. 마침내 이 걸림돌을 극복하려 용기를 내 목표를 정확히 조준하더니 눈을 질끈 감고 총을 쏩니다. 이제 모든 것이 끝났습니다. 많은 지성인이 구원의 신앙을 그렇게 한순간에 끝나는 것으로 믿으려 합니다. 구원의 신앙을 갖기 위해 용기를 내 두 눈을 질끈 감고 한 번만 믿으면 모든 것이 끝나 구원받는다는 것입니다. 그러나 그것은 구원의 신앙에 대한 잘못된 생각입니다. 정직하고도 참된 신앙은 시간 내에서 시작되어 영원까지 지속되는 것이기 때문입니다.

나는 독자들을 위해 헬라어 동사를 직접 인용하지는 않을 것이다. 비록 유익하게 하려는 의도라도 독자들에게는 매 페이지를 읽기 힘들게 할 수 있기 때문이다. 학자들의 경우 헬라어 성경을 함께 사용한다면, 이 책의 내용에 충분히 공감하게 될 것이다.

- 요 1:12, "영접하는(아오리스트 - 순간적이면서도 결정적인 선택으로 영접하는) 자 곧 그 이름을 믿는(현재형 - 계속해서 믿는) 자들에게는 하나님의 자녀가 되는 권세를 주셨으니."

만약 단 일회적인 신앙의 행위만으로 궁극적 구원이 보장된다면, 후자의 믿음에도 현재형 대신 아오리스트가 사용되었을 것이다.

- 요 3:15, "이는 그를 믿는(현재형 - 계속해서 믿는) 자마다 영생을 얻게 하려 하심이니라."

- 요 3:16, "하나님이 세상을 이처럼 사랑하사 독생자를 주셨으니 이는 그를 믿는(현재형 - 계속해서 믿는) 자마다 멸망하지(아오리스트 - 단번에 영원한 멸망으로 떨어지지) 않고 영생을 얻게 하려 하심이라."

- 요 3:36, "아들을 믿는(현재형 - 계속해서 믿는) 자에게는 영생이 있고 아들을 순종하지(현재형 - 계속해서 순종하지) 아니하는 자는 영생을 보지 못하고 도리어 하나님의 진노가 그 위에 머물러 있느니라."

이 구절들에서 동사 "믿다"는 아오리스트가 아닌 현재형이 사용된다.

- 요 5:24, "내가 진실로 진실로 너희에게 이르노니 내 말을 듣고 (현재형 – 항상 계속 듣고) 또 나 보내신 이를 믿는(현재형 – 계속해서 믿는) 자는 영생을 얻었고 심판에 이르지 아니하나니 사망에서 생명으로 옮겼느니라(완료형 – 사망에서 생명으로 옮겨진 상태가 지속되느니라)."

알포드는 믿음과 영생의 관계를 다음과 같이 설명한다.

요한1서 5:12("아들이 있는 자에게는 생명이 있고 하나님의 아들이 없는 자에게는 생명이 없느니라")과 5:13("내가 하나님의 아들의 이름을 믿는 너희에게 이것을 쓰는 것은 너희로 하여금 너희에게 영생이 있음을 알게 하려 함이라")에서 믿는 일과 영생을 소유하는 일은 서로 연결되어 있다. 즉, 믿음이 있는 곳에는 영생이 있지만, 믿기를 중단하면 영생도 상실된다. 여기서 구원의 믿음은 지속성을 가진 믿음을 의미하고, 믿음의 효력은 믿는 순간부터 이미 온전히 나타난다(엡 1:19-20, "그의 힘의 위력으로 역사하심을 따라 믿는 우리에게 베푸신 능력의 지극히 크심이 어떠한 것을 너희로 알게 하시기를 구하노라 그의 능력이 그리스도 안에서 역사하사 죽은 자들 가운데서 다시 살리시고 하늘에서 자기의 오른편에 앉히사." 즉, 믿음을 가진 사람은 그 결과로 이미 그리스도의 보좌 우편에 앉은 자들로 인정된다는 의미임 – 역주).

이처럼 이 위대한 영국 학자는 단 한 번 믿는 행위에 의해 그리스도와 영원한 연합이 이루어진다고 주장해 성경을 왜곡하는 것을 바로잡아, 성도의 견인은 예수 그리스도께 대한 지속적인 신뢰에 기초함을 보여준다.

- 요 5:44, "너희가 서로 영광을 취하고(현재형 – 상습적으로 취하고) 유일하신 하나님께로부터 오는 영광은 구하지(현재형 – 부단히 구하지) 아니하니 어찌 나를 믿을(아오리스트 – 참된 신앙을 갖는 순간이 찾아올) 수 있느냐."

이 말씀은 끊임없이 사람의 영광만 구하는 마음에서는 단순하고 진정한 신앙이 생겨날 수 없음을 의미한다.

- 요 5:47, "그러나 그의 글도 믿지(현재형 – 상습적으로 믿지) 아니하거든 어찌 내 말을 믿겠느냐 하시니라."

- 요 6:29, '공인본문'(또는 '수용본문', Received Text, 후대의 첨가나 편집으로 인해 정확성이 떨어지는 헬라어 성경 사본으로, 더 신뢰할 만한 고대 사본들의 발견과 본문 비평의 발전이 이루어지기 전 수백 년간 널리 사용됨 – 역주)에는 이렇게 되어 있다. "예수께서 대답하여 이르시되 하나님께서 보내신 이를 믿는(아오리스트 – 단 한 번만으로 영구한 효과를 갖도록 믿는) 것이 하나님의 일이니라 하시니." 이 구절이 아오리스트를 사용해 하나님께서 요구하시는 모든 것이 단 한 번의 믿는 행위임을 의미한다는 사실을 처음 알게 되었을 때, 나는 이 시제가 사용된 것은 틀림없이 잘못일 것이라 생각했다. 이후 알포드, 트레겔레스(Tregelles) 티셴도르프의 연구자료를 참고함으로 아오리스트 본문은 거부되고 다시 현재 시제로 복구되었음을 알게 되었다. 즉, 성경의 원문은 "하나님께서 보내신 이를 믿는(현재형 – 꾸준히 계속 믿는) 것이 하나님의 일이니라"이다.

- 요 6:35, "예수께서 이르시되 나는 생명의 떡이니 내게 오는(현재형 – 항구적으로 오는) 자는 결코 주리지(아오리스트 – 한순간도 주리지) 아니할 터이요 나를 믿는(현재형 – 끊임없이 믿는) 자는 영원히 목마르지(아오리스트 – 한순간도 목마르지) 아니하리라."

- 요 6:54, "내 살을 먹고(현재형 – 계속 먹고) 내 피를 마시는(현재형 – 계속 마시는) 자는 영생을 가졌고(현재형 – 계속 영생을 소유한 상태에 있고) 마지막 날에 내가 그를 다시 살리리니."

- 요 11:25-26, "예수께서 이르시되 나는 부활이요 생명이니 나를 믿는(현재형 – 항구적으로 믿는) 자는 죽어도 살겠고 무릇 살아서 나를 믿는(현재형 – 항구적으로 믿는) 자는 영원히 죽지(아오리스트 – 죽음의 상태에 빠지는 일이 생기지) 아니하리니 이것을 네가 믿느냐."

- 요 20:31, "오직 이것을 기록함은 너희로 예수께서 하나님의 아들 그리스도이심을 믿게(아오리스트 – 단번에 믿게, 그러나 티셴도르프의 헬라어 신약성경에서는 현재형으로 되어 있음 – 계속 믿게) 하려 함이요 또 너희로 믿고(현재형 – 계속해서 믿고) 그 이름을 힘입어 생명을 얻게(현재형 – 생명을 계속해서 소유하게) 하려 함이니라."

- 행 16:30-31, "그들을 데리고 나가 이르되 선생들이여 내가 어떻게 하여야 구원을 받으리이까(아오리스트 – 순간적으로 구원을 얻으리이까) 하거늘 이르되 주 예수를 믿으라(아오리스트 – 즉각적으로 믿으라) 그리하면 너와 네 집이 구원을 받으리라 하고."

간수는 자기 죄에서 즉시 구원받기 원했고, 확고하고도 선명하게 그리스도를 즉각적으로 신뢰하라는 권면을 받았다. 그러나 로마서 1:16, "내가 복음을 부끄러워하지 아니하노니 이 복음은 모든 믿는(현재형 – 꾸준히 믿는) 자에게 구원을 주시는 하나님의 능력이 됨이라 먼저는 유대인에게요 그리고 헬라인에게로다"에서는 쉬지 않고 꾸준히 믿는 모든 사람에게 구원이 약속된다.

다음 구절들에서도 마찬가지다.

- 롬 3:22, "곧 예수 그리스도를 믿음으로 말미암아 모든 믿는(현재형) 자에게 미치는 하나님의 의니 차별이 없느니라."

- 롬 4:24, "의로 여기심을 받을 우리도 위함이니 곧 예수 우리 주를 죽은 자 가운데서 살리신 이를 믿는(현재형) 자니라."

- 롬 9:33, "기록된 바 보라 내가 걸림돌과 거치는 바위를 시온에 두노니 그를 믿는(현재형) 자는 부끄러움을 당하지 아니하리라 함과 같으니라."

- 롬 10:4, "그리스도는 모든 믿는(현재형) 자에게 의를 이루기 위하여 율법의 마침이 되시니라."

- 롬 10:11, "성경에 이르되 누구든지 그를 믿는(현재형) 자는 부끄러움을 당하지 아니하리라 하니."

- 고전 1:21, "하나님의 지혜에 있어서는 이 세상이 자기 지혜로 하나님을 알지 못하므로 하나님께서 전도의 미련한 것으로 믿는(현재형) 자들을 구원하시기를 기뻐하셨도다."

- 엡 1:19, "그의 힘의 위력으로 역사하심을 따라 믿는(현재형) 우리에게 베푸신 능력의 지극히 크심이 어떠한 것을 너희로 알게 하시기를 구하노라."

- 살전 1:7, "그러므로 너희가 마게도냐와 아가야에 있는 모든 믿는(현재형) 자의 본이 되었느니라."

- 살전 2:10, "우리가 너희 믿는(현재형) 자들을 향하여 어떻게 거룩하고 옳고 흠 없이 행하였는지에 대하여 너희가 증인이요 하나님도 그러하시도다."

- 살전 2:13, "이러므로 우리가 하나님께 끊임없이 감사함은 너희가 우리에게 들은 바 하나님의 말씀을 받을 때에 사람의 말로 받지 아니하고 하나님의 말씀으로 받음이니 진실로 그러하도다 이 말씀이 또한 너희 믿는(현재형) 자 가운데에서 역사하느니라."

- 살전 4:14, "우리가 예수께서 죽으셨다가 다시 살아나심을 믿을진대(현재형) 이와 같이 예수 안에서 자는 자들도 하나님이 그와 함께 데리고 오시리라").

데살로니가후서 1:10의 "모든 믿는(아오리스트) 자들에게서 놀랍게 여김을 얻으시리니"라는 구절은 우리는 '공인본문'이 아닌 가장 신뢰할 만한 사본들이 최종적 구원의 조건에 대해 아오리스트를 사용한 예외적 경우다. 알포드는 여기서 아오리스트가 사용된 것은, 성경 기자가 "미래의 그날로부터 과거를 되돌아보면서" 구원을 결정지은 시험 기간 전체를 과거의 한 시점으로 파악했기 때문이라고 설명한다.

알포드는 히브리서 4:3의 "이미 믿는(아오리스트) 우리들은 저 안식에 들어가는도다"에서 사용된 아오리스트에 대해서도 유사하게 설명해, 안식에 들어가는 날의 시점에서 과거를 돌아본 것이라고 설명한다. 현재형보다 아오리스트가 더 적합한 이유는, 이 구절이 하늘의 영원한 안식에 들어가는 조건으로서의 일반적 신뢰가 아니라, 그리스도께서 신자들의 여호수아가 되셔서 그들을 현재적인 영적 안식으로 인도하신다는 분명한 사실을 굳게 붙드는 것에 대해 말씀하고 있기 때문이다. 그런 이유로 11절은 "그러므로 우리가 저 안식에 들어가기를(아오리스트) 힘쓸지니[아오리스트, 'σπουδάσωμεν'(즉시 서두르라)]"라고 권면한다. 특정한 어떤 말씀을 즉시 믿어야 할 때 아오리스트가 사용된 다른 경우는 다음과 같다.

- 요 4:21, "예수께서 이르시되 여자여 내 말을 믿으라 이 산에서도 말고 예루살렘에서도 말고 너희가 아버지께 예배할 때가 이르리라."

- 마 8:13, "예수께서 백부장에게 이르시되 가라 네 믿은 대로 될지어다 하시니 그 즉시 하인이 나으니라."

요한계시록 22장 14절이 어떤 사본에는 "그분의 계명을 행하는(현재형 – 끊임없이 행하는) 자들은 복이 있으니 이는 그들이 생명나무에 나아가며 문들을 통하여 성에 들어갈 권세를 받으려 함이로다"라고 되어 있다. 그러나 가장 신뢰할 만한 사본들에는 "자기 두루마기를 빠는(현재형 – 끊임없이 깨끗이 하는) 자들은 복이 있으니 이는 그들이 생명나무에 나아가며 문들을 통하여 성에 들어갈 권세를 받으려 함이로다"로 되어 있다. 두 경우 모두 현재형이 사용된다. 성경에서 최종적 구원의 조건을 표현한 것으로는 이 구절이 마지막이다.

신약성경에는 구원의 조건이 지속됨을 가리키는 현재 시제의 사용에서 주목할 만한 몇몇 예외가 있는데, 그중 마가복음 16:16을 언급하지 않을 수 없다. "믿고(아오리스트 – 믿음을 선택하고) 세례를 받는(아오리스트 – 한 번 세례를 받는) 사람은 구원을 얻을 것이요 믿지 않는(아오리스트 – 믿기를 거부하기로 선택하는) 사람은 정죄를 받으리라." 웨스트코트(Westcott)나 호르트(Hort) 같은 주요 성서비평학자들이 같은 장의 9-20절을 의심스러운 구절로 여겨 정경에 포함시키기를 거부하는 데 찬동한다. 티셴도르프는 그 구절들을 자신의 편집본에서 완전히 삭제했다. 알포드 주임사제는 그 구절들을 보존해 괄호 처리했다. 그는 그 구절들의 내적, 외적 증거 모두 "마가의 저자 됨을 강력히 반대한다. 이 구절들에는 21개의 단어와 표현이 나타나며, 그중 일부는 여러 번 나오는데, 모두 자신의 특정 문구를 두드러지게 고수하는 마가가 결코 사용하지 않은 것들이다"라고 말한다.

만약 우리가 이 구절의 정경성을 인정한다면 그 의미는, 마이어가 설명하듯, 고린도전서 3:5의 "너희로 하여금 믿게(아오리스트 – 처음 믿음을 갖게) 한 사역자들", 로마서 13:11의 "우리의 구원이 처음 믿을(아오리스트) 때보다 가까웠음이라"에서처럼 "(과거에는 믿지 않았다가 이제는 믿음을 결단해 – 역주) 신자가 된 사람은 구원받을 것이다"가 된다.

따라서 우리는 위 구절들을 면밀히 고찰한 결과, 성령께서는 영감을 통해 한결같이 현재 시제를 선택하심으로써 최종적 구원이 신앙의 지속 여부에 달려있음을 가르치신다고 결론 내릴 수 있다.

3. 중생과 완전 성화에서 성령께서 능력으로 신자의 영혼을 정결하게 하시는 사역에 대해서는 거의 한결같이 아오리스트가 사용된다.

가장 권위 있는 신약성경 문법학자들에 따르면, 이 시제는 결코 지속적이거나 상습적이거나 반복적인 행위를 가리키지 않고, 순간적으로 단번에 성취되는 행위를 가리킨다. 몇몇 구절을 예로 들면 다음과 같다.

- 마 8:2-3, "한 나병환자가 나아와 절하며(미완료 - 절을 하면서) 이르되 주여 원하시면 저를 깨끗하게 하실(아오리스트 - 단번에 깨끗하게 하실) 수 있나이다 하거늘 예수께서 손을 내밀어(아오리스트) 그에게 대시며(아오리스트) 이르시되 내가 원하노니 깨끗함을 받으라(아오리스트 - 즉시 깨끗함을 받으라) 하시니 즉시 그의 나병이 깨끗하여진지라(아오리스트 - 한순간에 깨끗하여진지라)."

나병환자는 점진적으로가 아니라 순간적으로 깨끗하게 해주시기를 간구했고, 응답은 그의 믿음대로 단번에 이루어졌다.

- 마태복음 14:36은 미완료와 아오리스트가 어떻게 다른지 보여 준다. "다만 예수의 옷자락에라도 손을 대게(아오리스트 - 한순간이라도 손을 대게) 하시기를 간구하니(미완료 - 계속 간구하고 있었으니) 손을 대는(아오리스트 - 한순간이라도 손을 대는) 자는 다 나음을 얻으니라(아오리스트 - 즉시 나음을 얻었다)."

- 마 23:25-26, "화 있을진저 외식하는 서기관들과 바리새인들이여 잔과 대접의 겉은 깨끗이 하되(현재형 - 계속 깨끗이 하되) 그 안에는 탐욕과 방탕으로 가득하게 하는도다 눈 먼 바리새인

이여 너는 먼저 안을 깨끗이 하라(아오리스트 - 일거에 깨끗이 하라) 그리하면 겉도 깨끗하리라(아오리스트 - 즉시 깨끗하게 되리라).”

만약 그리스도께서 점진적인 내적 정결을 요구하셨더라면 ‘점점 깨끗하게 되는’ 것을 나타내는 현재형을 쓰셨을 것이다.

- 눅 17:14, “보시고 이르시되 가서 제사장들에게 너희 몸을 보이라 하셨더니 그들이 가다가(현재형 - 계속 길을 가던 중에) 깨끗함을 받은지라(아오리스트 - 순간적으로 깨끗함을 받은지라).”

- 요 13:8, “내가 너를 씻어주지(아오리스트) 아니하면 네가 나와 상관이 없느니라.”

이 씻음은 신생(new birth)이 아니다. 베드로는 이미 중생했기 때문이다. 그리스도는 제자들에 대해 “내가 세상에 속하지 아니함같이 그들도 세상에 속하지 아니”(요 17:14)하였음과, “나는 포도나무요 너희는 가지”(요 15:5)임을 말씀하셨다. 따라서 이 씻음은 완전 성화를 상징함에 틀림없다.

- 요 13:10, “예수께서 이르시되 이미 목욕한 자는 발밖에 씻을(아오리스트 - 순간적으로 깨끗이 씻을) 필요가 없느니라 온몸이 깨끗하니라.”

이 구절 역시 중생 이후의 씻음에 대한 말씀이다. 베드로는 부분적으로 성화되었으나 온전히 성화되지는 않았기 때문이다. 알포드는 “예수님의 이 말씀들이 베드로에게 정결하게 되기를 바라는 마음을 불러일으켰다”고 말한다. 스티어(Stier)와 벵겔(Bengel)을 비롯해 다른 학자들도 동일하게 가르친다. 톨룩(Tholuck)은 "단지 손발만 깨끗하게 하면 된다. 즉, 내면의 원리가 더욱 확장되어 사람 전체를 관통하기만 하면 된다"고 설명한다. 아오리스트 시제의 사용은 그 씻음이 점진적으로가 아니라 순간적이고 결정적으로 이루어지는 일임을 의미한다.

- 요 17:17-19, "그들을 진리로 거룩하게 하옵소서(아오리스트 명령법 – 단번에 거룩하게 하옵소서) 아버지의 말씀은 진리니이다 … 또 그들을 위하여 내가 나를 거룩하게 하오니(현재형 – 계속 거룩하게 하오니) 이는 그들도 진리로 거룩함을 얻게(완료형 – 항구적으로 거룩함을 얻게) 하려 함이니이다."

그리스도는 결코 죄로 더러워진 적이 없으시므로, 그분이 자신을 '거룩하게 하심'은 실제적 성화나 씻음이 아니라 본래의 거룩한 상태를 지속하시는 것이었다. 그러나 제자들은 실제로 또는 '진정으로' 거룩함을 얻어야 했다. 이것이 "진리로"라는 말씀이 암시하는 의미다. 이에 관해서는 백스터(Samuel Bagster)의 난외주(Polyglot Bible의 난외주 – 역주)를 참고하라. 고린도후서 7:14과도 비교해보라. "내가 그에게 너희를 위하여 자랑한 것이 있더라도 부끄럽지(아오리스트 직설법) 아니하니 우리가 너희에게 이른(아오리스트 직설법) 말이 다 참된 것 같이 디도 앞에서 우리가 자랑한 것도 참되게 되었도다(아오리스트)."

와이너는 다음과 같이 설명한다. "신약성경은 앞서 언급한 '거룩하게 하옵소서'와 같은 아오리스트 명령법과 현재 명령법을 한결같이 명확히 구분한다. 아오리스트 명령법은 신속히 종결되거나 일시적인 행동, 또는 단 한 번 발생하는 것으로 여겨지는 행동을 나타낸다. 현재 명령법은 이미 시작되어 이어지는 행동, 계속되는 행동, 또는 자주 반복되는 행동을 나타낸다.”

아오리스트와 현재형은 때때로 동일한 문장에서 함께 사용된다.

- 요 2:16, “비둘기 파는 사람들에게 이르시되 이것을 여기서 가져가라(아오리스트 – 즉시 가져가라) 내 아버지의 집으로 장사하는 집을 만들지(현재형 – 계속해서 만들지) 말라 하시니.”

- 고전 15:34, “깨어(아오리스트 – 즉시 깨어) 의를 행하고 죄를 짓지(현재형 – 계속 짓지) 말라.”

- 행 15:11, “그러나 우리는 그들이 우리와 동일하게 주 예수의 은혜로 구원받는(아오리스트 – 영원한 구원이 완결된 것은 아니지만 과거의 죄책에서 순간적으로 온전히 구원받는) 줄을 믿노라(현재형 – 한결같이 믿고 있노라) 하니라.”

- 로마서 6:13은 아오리스트 명령법과 현재 명령법 사이의 구분이 드러나는 좋은 예로, 영어로는 나타낼 수 없는 성결의 즉각성을 확실히 증거하는 본문이다. “또한 너희 지체를 불의의 무기로 죄에게 내주지(현재형 – 계속 내주지) 말고 오직 너희 자신을 죽은 자 가운데서 다시 살아난 자같이 하나님께 드리며(아오리스트 – 조금씩 반복적으로 드리는 것이 아니라, 어떤 보류함도 없이 단번에 최종적으로 온전히 드리며) 너희 지체를 의의 무기로 하나님께 드리라(아오리스트 – 어떤 보류함도 없이 단번에 최종적으로 온전히 드리라).”

알포드는 다음과 같이 설명한다. "이 구절에서 현재 명령법은 습관과도 같이 언제나 그래야 함을 의미한다. 즉, 몸의 지체를 죄에게 드리지 말라는 권면은, 그런 일이 다시는 재발하는 일이 없게 하라는 것이다. 그러나 아오리스트 명령법은 습관처럼 반복하라는 것이 아니라, 로마서 12:1에서처럼 단번에 최종적으로 자신을 드려 온전히 하나님의 것이 되어야 함을 의미한다." 톨룩 주석은 이 구절에 나오는 '아디키아'(ἀδικία)는 일반적인 부도덕함을 의미한다면, '하마르티아'(ἁμαρτία)는 내면에서 죄를 매우 사랑하는 것을 의미한다"고 설명하면서, 이 구절이 이러한 죄를 모두 포함하는 원죄에서의 씻음을 입증하는 증거 본문으로서 완벽하다고 말한다.

- 행 15:9, "믿음으로 그들의 마음을 깨끗이 하사(아오리스트 - 순간적으로 깨끗이 하사) 그들이나 우리나 차별하지 아니하셨느니라."

이 구절은 오순절에 성령께서 신자들의 마음에 순간적으로 행하신 완전 성화 사역에 관한 핵심 구절이다. "우리"는 오순절 성령 강림을, "그들"은 고넬료 가정에서의 성령 강림 사건을 지칭하기 때문이다(행 10:45-47 참고).

- 롬 6:6-7, "우리가 알거니와 우리의 옛 사람이 예수와 함께 십자가에 못 박힌(아오리스트 - 단번에 최종적으로 못 박힌) 것은 죄의 몸이 죽어(아오리스트 - 단번에 죽어) 다시는 우리가 죄에게 종 노릇 하지(현재형 - 계속 종 노릇 하지) 아니하려 함이니 이는 (죄에 대하여) 죽은(아오리스트 - 단번에 최종적으로 죽어버린) 자가 죄에서 벗어나 의롭다 하심(완료형 - 의롭게 된 결과가 항구적으로 계속됨)을 얻었음이라."

이 구절에서 아오리스트는 타고난 죄에 순간적 치명타를 가하는 것이 가능하며, 따라서 육체적 죽음이나 죄를 깨끗하게 하는 불이 그 고통을 끝나게 할 때까지 오랜 시간 고통스럽게 죄에 대해 죽어가는 과정을 거쳐야 할 필요가 없음을 가르쳐준다. 사람이 십자가에 못 박혀 죽을 때는, 몸의 일부분이 죽어도 손이나 팔, 손가락은 살아있는 식으로 하나씩 죽지 않고, 전 생명이 한 번에 완전히 죽는다.

현세에서의 완전 성화를 두려워하고, 특히 전능자의 일격에 의한 순간적 정화에 몸서리치는 해석자들은 "죽다"(καταργέω)라는 동사의 어감을 약화시켜 '비활동적으로 만들다' 또는 '무능하게 만들다'라는 뜻으로 해석한다. 그러나 이 동사가 얼마나 강력한 의미를 지니고 있는지는, 동일한 헬라어 동사를 '폐지하다'(abolish), '소멸하다'(consume), '파멸하다'(destroy) 등으로 번역한 다음 구절들에서 잘 나타난다.

- 고후 3:13, "우리는 모세가 이스라엘 자손들에게 장차 없어질 것의 결국을 주목하지 못하게 하려고 수건을 그 얼굴에 쓴 것같이 아니하노라."

- 엡 2:15, "법조문으로 된 계명의 율법을 폐하셨으니 이는 이 둘로 자기 안에서 한 새 사람을 지어 화평하게 하시고."

- 딤후 1:10, "이제는 우리 구주 그리스도 예수의 나타나심으로 말미암아 나타났으니 그는 사망을 폐하시고 복음으로써 생명과 썩지 아니할 것을 드러내신지라."

- 고전 6:13, "음식은 배를 위하여 있고 배는 음식을 위하여 있으나 하나님은 이것저것을 다 폐하시리라 몸은 음란을 위하여 있지 않고 오직 주를 위하여 있으며 주는 몸을 위하여 계시느니라."

- 고전 15:26, "맨 나중에 멸망 받을 원수는 사망이니라."

- 살후 2:8, "그때에 불법한 자가 나타나리니 주 예수께서 그 입의 기운으로 그를 죽이시고 강림하여 나타나심으로 폐하시리라."

- 히 2:14, "자녀들은 혈과 육에 속하였으매 그도 또한 같은 모양으로 혈과 육을 함께 지니심은 죽음을 통하여 죽음의 세력을 잡은 자 곧 마귀를 멸하시며."

- 롬 12:1, "그러므로 형제들아 내가 하나님의 모든 자비하심으로 너희를 권하노니 너희 몸을 하나님이 기뻐하시는 거룩한 산 제물로 드리라(아오리스트 – 다시 반복할 필요가 없도록 단번에 최종적으로 드리라) 이는 너희가 드릴 영적 예배니라."

몸을 특정한 이유에 대해, 톨룩은 실제적 활동을 하는 기관이기 때문이라고 설명한다면, 올샤우센(Olshausen)과 데 베트(De Wette), 알포드는 "그리스도인의 삶의 성결은 죄의 속박 아래 가장 심하게 포로가 되어 있던 인간 본성의 그 부분(몸)에까지도 이루어진다는 사실을 나타내기 위해서"라고 설명한다. 만약 은혜가 신자를 위해 해줄 수 있는 최선의 것이 고작 신자가 일평생 죄와 회개를 반복할 수밖에 없는 정도라는 것이 바울의 생각이었다면, 그는 현재 명령법을 사용해 "네 몸을 몇 번이고 반복해서 드리라"라고 했을 것이다.

- 벧전 2:5, "너희도 산 돌같이 신령한 집으로 세워지고 예수 그리스도로 말미암아 하나님이 기쁘게 받으실 신령한 제사를 드릴(아오리스트 – 단번에 최종적으로 하나님께 온전히 드릴) 거룩한 제사장이 될지니라."

알포드는 "이 구절에 아오리스트가 사용된 것은, 이 신령한 제사는 지금까지의 제사 의식이나 각종 절기 때처럼 관습적으로 드리는 것이 아니라, 로마서 12:1에서처럼 몸을 단번에 최종적으로 하나님의 것으로 드림을 의미하기 때문이다"라고 설명한다.

로마서 12:1과 베드로전서 2:5은 그리스도인이 완전 성화 시 인간적 측면에서는 전적 의탁으로 불리는 일대전이(一大轉移)를 경험한다는 사실을 입증하는 증거 본문들이다. 이 두 구절 중 어느 것도 칭의를 가리키지 않는데, 이는 (1) 자신을 드리라는 말씀을 받은 이들이 이미 그리스도인들이기 때문이며, (2) 로마서 12:1이, 제사장이 양을 점검해 제물로 합당하며 여호와께서 받으실 만하다고 평가하듯, 하나님이 기뻐하실 수 있는 거룩한 제물이 되기를 요구하고, 베드로전서 2:5이 거룩하여 하나님이 받으실 만한 제사장직을 요구하는데, 이러한 요구는 하나님 앞에서 이미 칭의 된 상태를 전제하기 때문이다.

- 롬 13:14, "오직 주 예수 그리스도로 옷 입고(아오리스트 – 일회적이고 결정적으로 옷 입고) 정욕을 위하여 육신의 일을 도모하지(현재형 – 계속 도모하지) 말라"

- 고전 5:7, "너희는 누룩 없는 자인데 새 덩어리가 되기 위하여 묵은 누룩을 내버리라(아오리스트 – 즉각적으로 단번에 제거하라) 우리의 유월절 양 곧 그리스도께서 희생되셨느니라."

이처럼 더러운 죄를 즉각적으로 단번에 제거하는 일에 아오리스트가 사용된 것은, 정화를 뜻하는 동사들이 얼마나 강력한 힘을 지니고 있는지를 보여준다.

- 고전 6:11, "너희 중에 이와 같은 자들이 있더니 주 예수 그리스도의 이름과 우리 하나님의 성령 안에서 씻음(아오리스트, 중간태)과 거룩함(아오리스트)과 의롭다 하심(아오리스트)을 받았느니라."

여기서 성결은 칭의와 동일하게 순간적으로 완결되는 역사다. 마이어에 의하면, 이 구절에서 '의롭다 하심을 받는다'는 용어는 교차대구법의 도치에 의해 마지막에 위치하는데, 이를 영어의 자연스러운 순서로 고치면 "주 예수 그리스도의 이름으로 의롭다 하심을 받고 우리 하나님의 성령에 의해 거룩함을 받았느니라"가 된다.

- 고후 1:21-22, "우리를 너희와 함께 그리스도 안에서 굳건하게 하시고(현재형 – 계속 굳건히 있게 하시고) 우리에게 기름을 부으신(아오리스트 – 단번에 최종적으로 기름을 부으신) 이는 하나님이시니 그가 또한 우리에게 인치시고(아오리스트 – 단번에 순간적으로 인치시고) 보증으로 우리 마음에 성령을 주셨느니라(아오리스트 – 단번에 순간적으로 주셨느니라)."

이 구절에서 굳건하게 하는 일은 지속적이어야 한다면, 기름을 붓고 인치고 성령을 주시는 일은 순간적으로 이루어진다.

- 고후 5:21, 공인본문에는 "하나님이 죄를 알지도 못하신 이를 우리를 대신하여 죄로 삼으신 것은 우리로 하여금 그 안에서 하나님의 의가 되게(현재형 – 계속적으로 의롭게) 하려 하심이라"로 되어 있다. 마이어는 크리토(Crito)에 관한 스톨바움(Stallbaum)의 설명을 인용하면서, 이 현재 시제는 의도되었음에도 아직 이루어지지 못한 채 시간이 흘러 현재에까지 이른 것을 의미한다고 주장한다. 그러나 알포드는 가장 신뢰할 만한 사본들에는 "의

가 되게"가 아오리스트로 되어 있음을 발견했는데, 이는 그 일이 단번에 이루어짐을 뜻한다. 그것은 온 인류의 구원을 언급한 것일 수도 있고, 각 개인이 성결하게 변화되는 것을 언급하는 것일 수도 있다. 바울이 "우리"라는 말을 사용한 것에서 우리는 후자의 해석을 더 선호한다.

· 고후 6:13, "내가 자녀에게 말하듯 하노니 보답하는 것으로 너희도 마음을 넓히라(아오리스트 – 순간적으로 넓히라)."

· 고후 7:1, "그런즉 사랑하는 자들아 이 약속을 가진 우리는 육과 영의 온갖 더러운 것에서 자신을 깨끗하게 하여(아오리스트 – 단번에 깨끗하게 하여) 하나님을 두려워하는 가운데서 거룩함을 온전히 이루자(현재형 – 이미 이루어진 거룩함을 온전히 지속하자)" (헬라어와 영어 성경에서는 이 순서로 되어 있지만, 우리말 개역개정 성경은 "그런즉 사랑하는 자들아 이 약속을 가진 우리는 하나님을 두려워하는 가운데서 거룩함을 온전히 이루어 육과 영의 온갖 더러운 것에서 자신을 깨끗하게 하자"로 본문의 앞뒤 순서를 뒤바꾸어 그 의미와 시제 해석에 혼동을 일으킨다 – 역주).

만약 바울이 내적 정결이 점진적으로 이루어짐을 가르치려 했다면 현재 시제를 사용했을 것이다. 이 구절에서 6장과 7장이 분리된 것은 매우 불행한 일로, 바울의 의도를 매우 모호하게 만든다. 그래서 벵겔은 이 구절을 6장의 끝 부분에 두었다. 바울의 논지는, 구약의 약속은 우리가 하나님의 자녀가 된다는 것인데, 이제 하나님이 우리를 자녀 삼아 주심으로 약속이 성취되었으니, 하나님의 자녀 된 우리가 스스로를 깨끗하게 해야 한다는 것이다. 여기서 자신을 깨끗하게 하는 일은 인간이 해야 하는 일로 나타나는데, 이는 양자의 영을 통해 새 마음을 가짐으로 정결하게 하는 능력을 자신에게 적용하는 일은 믿음에 의해 이루어지기 때문이다.

바울이 "너희를 깨끗하게 하라"라는 명령형을 사용하지 않고, "우리 자신을 깨끗하게 하자"는 권유형을 사용한 것은, 자신을 포함시킴으로 명령을 부드럽게 하는 어법일 뿐이므로, 이 헬라식 수사학의 아름다움을 오해해 바울 자신도 육과 영의 온갖 더러운 것에 빠져 있었음을 주장하기 위해 잘못 인용해서는 안 된다. 야고보서 3:5-6과 베드로전서 4:3을 비교해보라.

고린도후서 7:1이 가르치는 교리는, 거룩하게 하시는 주님을 수용하는 믿음은 순간적인 사건이며, 그로 인해 영혼은 모든 외면적이고 육적인 죄와 내면적이고 영적인 죄에서 건짐 받는다는 것이다. 만약 성화의 과정이 진흙으로 만든 조각상을 씻는 것처럼 계속적이면서도 결코 완성될 수 없는 일이라면, 바울은 반드시 현재 시제를 사용해 "육과 영의 온갖 더러운 것에서 자신을 끊임없이 깨끗하게 해나가자"라는 식으로 표현했을 것이다. 그러나 이 구절은 아오리스트 시제를 사용해 순간적 성결의 교리를 가르친 후, 현재 시제를 사용해 이미 이루어진 거룩함을 '온전히 이루어가야' 한다는 점진적 성화의 교리 역시 동시에 가르치고 있다. 백스터의 신약성경 헬라어 사전은 이 구절에 사용된 '온전히 이루다'라는 단어의 의미를 '실행에 옮기다', '실현하다'로 설명한다. 성령에 의해 믿음을 통해 순간적으로 이루어진 온전한 내면적 정결함은, 지식이 더할수록 더 예리한 도덕적 분별력을 가지고, 외적으로도 지속적이고 발전적인 일상 생활로 이어져야 한다.

- 갈 1:15-16, "그러나 내 어머니의 태로부터 나를 택정하시고(아오리스트) 그의 은혜로 나를 부르신(아오리스트) 이가 그의 아들을 이방에 전하기 위하여 그를 내 속에 나타내시기를(아오리스트) 기뻐하셨을 때에 내가 곧 혈육과 의논하지 아니하고."

여기서 택정하심과 부르심은 아오리스트 분사로 되어 있다. 굿윈에 따르면 "아오리스트 분사는 언제나 선행동사의 시점보다 과거에 이루어진 순간적이거나 단일한 행동을 지칭한다." 이 구절에서 (헬라어와 영어 성경의 경우 – 역주) 선행동사는 "기뻐하다"이다. 택정하심과 부르심, 또는 회심 이후 주님은 바울의 내면에 순간적으로 자신을 계시하셨는데, 이는 다메섹 도상에서 바울이 육안으로 볼 수 있도록 객관적으로 자신을 계시하신 방법과도 유사했다. 엘리코트와 알포드 모두 이 구절에서 시제들의 순서는 그리스도의 이 내면적 계시가 그의 회심 이후에 있었음을 가리킨다고 주장한다. 즉, 이를 바울이 받은 두 번째 축복으로 부를 수 있다는 것이다. 이 해석은 그리스도께서 자신을 사랑해 순종함으로 그 사랑을 보이는 자에게 자신을 나타내시겠다고 한 요한복음 14:21("나의 계명을 지키는 자라야 나를 사랑하는 자니 나를 사랑하는 자는 내 아버지께 사랑을 받을 것이요 나도 그를 사랑하여 그에게 나를 나타내리라")과 16:13-14("진리의 성령이 오시면 … 그가 내 영광을 나타내리니 내 것을 가지고 너희에게 알리시겠음이라")의 약속과도 조화를 이룬다.

완전 성화를 가르치는 다양한 비유와 성경 구절은 다음과 같다.

- 갈 2:19-20, "내가 율법으로 말미암아 율법에 대하여 죽었나니 (아오리스트 - 매우 갑작스럽게 죽었나니) 이는 하나님에 대하여 살려 함이라 내가 그리스도와 함께 십자가에 못 박혔나니(완료형 - 지금까지도 계속 못 박혀 죽어 있나니) 그런즉 이제는 내가 사는(현재형 - 계속 살아있는) 것이 아니요 오직 내 안에 그리스도께서 사시는(현재형 - 계속 살아계시는) 것이라 이제 내가 육체 가운데 사는 것은 나를 사랑하사 나를 위하여 자기 자신을 버리신 하나님의 아들을 믿는 믿음 안에서 사는(현재형 - 계속 살아가는) 것이라."

알포드는 다음과 같이 설명한다. "영어 번역에서는 구두점이 매우 잘못되어 있다. 바울의 간증에는, 우리의 옛 사람은 영혼과 육체가 분리될 때까지 단지 서서히 죽어갈 뿐이라고 주장하는 사람들을 논박하는 완전한 해답이 있다. 바울에게는 십자가에 못 박혀 죄에 대해 순간적으로 철저히 죽음으로 옛 사람이 더는 살아있지 않은 그런 순간이 실재했다. 어떤 사람은 십자가에 못 박혀 늘 죽어가면서도 결코 완전히 죽지 못한다. 이는 죄를 죽이는 하나님의 능력을 온전히 붙잡지 않기 때문이다."

- 갈 5:24, "그리스도 예수의 사람들은 육체와 함께 그 정욕과 탐심을 십자가에 못 박았느니라(아오리스트)."

이 구절에서는 모든 신자가 거듭나자마자 온전히 성화되는 것처럼 보인다. 그러나 올샤우센의 다음의 설명은 매우 설득력이 있다. "바울의 가르침은 죄를 십자가에 못 박는 행위가 계속되어야 한다는 의미를 분명히 내포하지만, 여기서는 그것이 과거의 일로 언급된 것이 주목할 만하다. 이는 바울이 이 구절에서 참된 그리스도인의 개념을 객관적으로 온전하게 제시해, 신자란 그 육체(flesh)를 온전히 십자가에 못 박은 자임을 가르치기 때문이다."

이제 유일하게 남은 질문은 언제 이 온전함이 이루어지는가 하는 시간에 관한 것이다. 웨슬리는 "그 온전함은 믿음에 의해 바로 지금 이루어질 수 있다. 행위나 고행으로 이루어지는 것이 아니기 때문이다"라고 말한다. 그러나 올샤우센은 "옛 사람을 온전히 못 박는다는 것은 구체적인 현실에서는 결코 온전히 이루어질 수 없다"고 주장한다. 즉, 옛 사람이 전적으로 못 박힌다는 것은 단지 추상적 개념일 뿐, 현실적 인간 속에서는 옛 사람이 언제나 살아있다는 것이다! 상식적으로 올샤우센의 해석에 반대하는 웨슬리의 해석이 더 설득력이 있다.

- 갈 4:19, "나의 자녀들아 너희 속에 그리스도의 형상을 이루기 (아오리스트)까지 다시 너희를 위하여 해산하는 수고를 하노니."

여기 첫 번째와 구별되는 두 번째 영적 탄생이 있다. 모든 신실한 목회자들은 자기 교회 교인 중 많은 사람이 신앙의 햇수는 오래되었어도 영적 유아 상태에 머물러 있는 것을 보고, 그들이 거듭날 때 그들 속에 새겨진 희미한 그리스도의 형상이 새롭게 되고 항구적으로 깊어지도록 그들을 위해 해산의 수고를 다한다. 마치 미국 동전에 자유의 여신상의 머리가 흐릿하게 새겨지면 금형에 넣어 다시 깊고 선명하게 새겨야 하는 것과 같다. 이 구절에서 아오리스트는 바로 그런 순간적인 재주조를 가리킨다.

- 엡 1:13, "그 안에서 너희도 진리의 말씀 곧 너희의 구원의 복음을 듣고 그 안에서 또한 믿어(아오리스트) 약속의 성령으로 인치심을 받았으니(아오리스트)."

이 구절에서 믿고 인치심을 받는 것은 뚜렷하고 확정적이며 완결된다.

- 엡 2:8, "너희는 그 은혜에 의하여 믿음으로 말미암아 구원을 받았으니(완료형 – 구원을 받았고 그 후에도 구원의 상태에 머물러 있나니) 이것은 너희에게서 난 것이 아니요 하나님의 선물이라."

- 엡 3:16-19 "그의 영광의 풍성함을 따라 그의 성령으로 말미암아 너희 속사람을 능력으로 강건하게 하시오며(아오리스트) 믿음으로 말미암아 그리스도께서 너희 마음에 계시게(아오리스트) 하시옵고(아오리스트) 너희가 사랑 가운데서 뿌리가 박히고 터가 굳어져서(완료형 분사 – 이미 이루어진 일이 더 온전하게 되어서) 능히 모든 성도와 함께 지식에 넘치는 그리스도의 사랑을 알고(아오리스트) 그 너비와 길이와 높이와 깊이가 어떠함을 깨달아(아오리스트) 하나님의 모든 충만하신 것으로 너희에게 충만하게(아오리스트) 하시기를(아오리스트) 구하노라."

이 네 구절에는 아오리스트가 모두 일곱 번 나온다. 즉, "강건하게 하시오며" "계시게"(또는 "거처를 정하시게", 마이어) "하시옵고" "알고" "깨달아" "충만하게" "하시기를"이다. 그렇다면 바울이, 그리스도께는 신자들을 짧은 시간 내에 온전히 구원하시고 그들을 성령으로 충만하게 하시는 위대한 일을 하실 능력이 있음을 가장 강력하고도 생생하게 말하기 위해 아오리스트 시제를 선택한 것으로 추론할 수 있지 않겠는가? 만약 점진적으로 성령을 분여해 주시는 것을 말하고자 했다면, 점진적 수여를 표현하기 위해 단 하나의 현재 시제도 사용하지 않은 것이 오히려 이상할 따름이다. 칼브라우네(Karl Braune) 박사는 "완료형 분사로 되어 있는 '뿌리가 박히고 터가 굳어져서'는 이미 존재하고 있고 계속 존재할 상태를 의미하는데, 이는 그들이 무엇인가를 더 '알기' 위한 전제다"라고 설명한다. 그는 랑게(Lange) 주석에서 "깨닫다"(아오리스트)에 대해 "이 구절에서 그 단어는 단지 지적인 이해나 인식 이상의 것으로, 특히 18절의 "알다"와 같은 종류의 내면적 체험을 의미한다"고 말한다. 엘리코트는 "'깨닫다'의 아오리스트 시제는 아마도 행위의 단일성을 의미하며, (크루거가 역동적 중간태로 부른) 중간태는 그것을 행하는 열정이나 영적 에너지를 나타낸다"고 설명한다. 이 구절에 대한 이러한 문법적 고찰은, 그리스도께서 순간적 계시를 통해 온전한 신자의 내적 인식에 영적으로 현현하신다는 존 플레처(John Fletcher)의 논문을 강력하게 확증한다!

- 엡 4:13, "우리가 다 하나님의 아들을 믿는 것과 아는 일에 하나가 되어 온전한 사람을 이루어 그리스도의 장성한 분량이 충만한 데까지 이르리니(아오리스트)."

이 구절은 성도의 믿는 것과 아는 것이 하나가 됨으로 마음으로 믿던 구주가 실제로 온전히 구주가 되시는 지점에 순간적으로 확고하게 도달하는 것을, 온전한 사람이 되는 것으로 설명한다(올샤우센의 주석을 참고하라). 믿음에서 온전한 지식에 이르는 이러한 변화는 아오리스트로 표현되는 하나의 전기(轉機)다. 그것은 보혜사 성령께서 영혼의 눈에서 생래적 죄의 가림막을 제거해, 살아있고 사랑이 많으시고 영화로우시며 온전하신 구주 되시는 예수님을 영적인 눈으로 보게 하시는 것이다. 그때 어린아이 같았던 불완전한 신자는 온전한 사람이 되어 그리스도의 충만함에 이른다. 이는 그분이 주시는 풍요로운 은혜이자, 모든 죄가 제거된 온전함이면서, 동시에 영원히 성장할 수 있는 충만함이다. 그 시점이 죽을 때가 아닌 그 이전이라는 것은, 곧이어 나오는 14-16절이 자세히 설명하는 것과 같은 현재의 삶에 뒤따르는 결과로 알 수 있다. "이는 우리가 이제부터 어린 아이가 되지 아니하여 사람의 속임수와 간사한 유혹에 빠져 온갖 교훈의 풍조에 밀려 요동하지 않게 하려 함이라 오직 사랑 안에서 참된 것을 하여 범사에 그에게까지 자랄지라 그는 머리니 곧 그리스도라 그에게서 온몸이 각 마디를 통하여 도움을 받음으로 연결되고 결합되어 각 지체의 분량대로 역사하여 그 몸을 자라게 하며 사랑 안에서 스스로 세우느니라."

- 엡 4:22, "너희는 유혹의 욕심을 따라 썩어져 가는 구습을 따르는 옛 사람을 벗어버리고(아오리스트)."

이 구절도 성화되지 못한 죄 된 본성을 뜻하는 옛 사람을 벗는 것에 아오리스트를 사용한다. 벗는 행위는 단회적이고 결정적인 일로서, 알포드는 이것이 은혜에 대한 "직접적이고 결정적이며 반응적 행위"라고 말한다.

- 엡 4:23, "오직 너희의 심령이 새롭게 되어(현재형 – 새로워진 상태를 계속 간직하고)."

- 엡 4:24, "하나님을 따라 의와 진리의 거룩함으로 지으심을 받은 (아오리스트 – 순간적으로 새롭게 지으신) 새 사람을 입으라(아오리스트)."

알포드는 "옛 사람을 단번에 벗어버린다는 주장은 이어지는 25절의 권면과 모순되고, 그 대상을 '너희'로 지칭한 것을 보더라도 정당화될 수 없다는 에디(Eadie)와 페일(Peile)의 해석을 따르지 않도록 조심하라"고 말한다. 이 서신은 에베소에 있는 그리스도 예수 안에 있는 성도들과 신실한 자들(1:1)에게 보낸 것이다. 그들은 이처럼 의심의 여지가 없는 그리스도인들이었으나, 아직 옛 사람이 온전히 제거되지 않았기에 옛 사람을 결정적으로 벗어버려야 하고, 또 그들의 본성에 아직 그리스도가 온전히 스며들어 채워지지 않았기에 새 사람을 입으라고 권면한 것이다. 만약 죄에서 거룩함으로의 점진적 성장만 염두에 두었다면 왜 아오리스트들을 사용했겠는가?

- 엡 5:25, "남편들아 아내 사랑하기를(현재형) 그리스도께서 교회를 사랑하시고(아오리스트) 그 교회를 위하여 자신을 주심(아오리스트)같이 하라."

엘리코트는 "이 구절에서 앞선 아오리스트('사랑하시고')의 순수한 의미는 그 뒤에 따르는 역사적 사건에 관한 아오리스트('자신을 주심')와 연결되어 더 적절성과 일관성을 지니게 된다. '자신을 주심'(아오리스트)은 이 '사랑하시고'(아오리스트)가 가장 두드러지게 나타난 사건(십자가 사건 – 역주)을 구체적으로 명시한다"고 말한다.

- 엡 5:26, "이는 곧 물로 씻어 말씀으로 깨끗하게 하사(아오리스트) 거룩하게 하시고(아오리스트)."

알포드나 엘리코트 같은 해석자들은 (중생을 상징하는) 물로 씻음이, 결정적이고 순간적인 성결보다 시간적으로 앞선다는 데 모두 동의한다. 올샤우센은 "주님은 물, 즉 세례와 그로 인한 신생(new birth)으로 성도를 씻으신 후 거룩하게 하신다"고 말한다. 중생과 성화는 순간적으로 일어나는 별개의 역사로, 둘 사이에는 시간적 간격이 있다. 이는 이 구절에서 합리적으로 추론할 수 있는 내용이다.

- 빌 3:12, "내가 이미 얻었다(아오리스트) 함도 아니요 온전히 이루었다(완료형) 함도 아니라 오직 내가 그리스도 예수께 잡힌(아오리스트) 바 된 그것을 잡으려고 달려가노라(현재형)."

바울은 자신의 경주가 아직 끝나지 않았고 아직 면류관을 받지 않았기에, 이 세상에서 완전의 추구가 끝난 것으로 주장하지 않았다. 예수님도 누가복음 13:32에서 같은 의미로 "오늘과 내일은 내가 귀신을 쫓아내며 병을 고치다가 제삼일에는 완전하여지리라"라고 말씀하셨다. 바울과 예수님은 이 땅에서의 완전을 이미 이루었다고 주장하지 않으신 것이다. [그러나 이것이 예수님께 죄나 불완전함이 있었다거나, 바울이 세상에서 온전한 그리스도인이 아니었음을 뜻하지는 않는다. 바울의 언급은 자신이 이미 온전한 그리스도인이 되었음에도 믿음의 경주가 끝날 때까지 더 전진하겠다는 다짐이라는 사실이 이어지는 빌립보서 3:13-15에서 드러나기 때문이다. "형제들아 나는 아직 내가 잡은(완료형) 줄로 여기지 아니하고 … 푯대를 향하여 그리스도 예수 안에서 하나님이 위에서 부르신 부름의 상을 위하여 달려가노라(현재형) 그러므로 누구든지 우리 온전히 이룬 자들(τέλειοι, 온전한 자들)은 이렇게 생각할지니(현재형 – 중단 없이 전진하며 달려간다고 계속 생각하며 살아갈지니)." 아래 구절에 나오는 예수님에 관한 언급은, 구원의 경륜을 위해 성육신 하심으로 자신을 낮추신 상태에서 다시 영광을 되찾으시는 일이 십자가와 부활, 승천 이후에 이루어진다는 사실에 관한 것이다 – 역주]. 히브리서 2:10은 "그러므로 만물이 그를 위하고 또한 그로 말미암은 이가 많은 아들들을 이끌어 영광에 들어가게 하시는 일에 그들의 구원의 창시자를 고난을 통하여 온전하게 하심이 합당하도다", 히브리서 12:22–23은 "너희가 이른 곳은 시온 산과 … 온전하게 된 의인의 영들과"라고 말한다.

- 골 1:9, "이로써 우리도 듣던 날부터 너희를 위하여 기도하기를 그치지 아니하고 구하노니 너희로 하여금 모든 신령한 지혜와 총명에 하나님의 뜻을 아는 것으로 채우게(아오리스트 – 순간적으로 충만해지게) 하시고."

- 골 3:5, "그러므로 땅에 있는 지체를 죽이라(아오리스트 – 즉시 죽이라) 곧 음란과 부정과 사욕과 악한 정욕과 탐심이니 탐심은 우상 숭배니라."

엘리코트 주교는 이 구절을 "그리스도 안에 감추어진 당신의 참 생명에 해가 되는 어떤 것도 살려두지 말라. 죄 된 삶의 기관과 매개체가 되는 것을 즉살하라"는 의미로 해석한다. 이 구절에는 성령의 명확하고도 순간적인 역사를 뜻하는 웨슬리의 완전 성화 교리가 가장 분명하게 나타나 있다. 한 젊은 전도자가 어떤 침례교회 집회에서 목사와 청중에게 완전 성화는 믿음에 의해 즉시 얻을 수 있다고 설교했다. 그 말을 들은 어떤 목회자는 영어 성경을 통해 읽은 "죽이라"(mortify)라는 말이 걸림이 되었는데, 이는 그가 그것을 날마다 계속 죽여야 한다는 의미로 이해했기 때문이다. 그는 평생 날마다 죄를 죽이려면 매우 작은 죄라도 마음에 남아있어야 한다고 생각했다. 이는 그가 (1) "죽이라"라는 용어의 진정한 의미를 간과한 채 그것을 억제하라는 뜻으로 대체하고, (2) 아오리스트 시제가 결정적이고 순간적인 행위를 단번에 최종적으로 이루라고 명령한다는 사실을 고려하지 않은 데 따른 잘못된 판단이다.

- 골 3:8, "이제는 너희가 이 모든 것을 벗어버리라(아오리스트) 곧 분함과 노여움과 악의와 비방과 너희 입의 부끄러운 말이라."

이 아오리스트 명령법은 마치 하나님의 전능하신 능력으로 마음을 일거에 깨끗이 청소하는 빗자루와도 같다.

- 골 3:12, "그러므로 너희는 하나님이 택하사 거룩하고 사랑받는 자처럼 긍휼과 자비와 겸손과 온유와 오래 참음을 옷 입고(아오리스트)."

그리스도인은 성령께서 임하여 내주하심으로 모든 뛰어난 그리스도인의 성품을 단번에 지니게 된다. 골로새서 3:5, 8에서 이미 살펴본 죄가 죽임 당하는 것이 완전 성화의 소극적인 측면이라면, 그리스도의 성품을 단번에 옷 입는 것은 완전 성화의 적극적인 측면이다.

- 골 3:13, "누가 누구에게 불만이 있거든 서로 용납하여(현재형 – 항상 용납하여) 피차 용서하되(현재형 – 항상 용서하되) 주께서 너희를 용서하신 것같이 너희도 그리하고."

- 골 3:15, "그리스도의 평강이 너희 마음을 주장하게 하라(현재형 – 언제나 주장하게 하라) 너희는 평강을 위하여 한 몸으로 부르심을 받았나니 너희는 또한 감사하는 자가 되라(현재형 – 언제나 감사하는 자가 되라)."

- 골 3:16, "그리스도의 말씀이 너희 속에 풍성히 거하여(현재형 – 언제나 거하여) 모든 지혜로 피차 가르치며(현재형 – 언제나 가르치며) 권면하고(현재형 – 언제나 권면하고) 시와 찬송과 신령한 노래를 부르며 감사하는 마음으로 하나님을 찬양하고(현재형 – 언제나 찬양하고)."

- 골 3:18, "아내들아 남편에게 복종하라(현재형 – 언제나 복종하라) 이는 주 안에서 마땅하니라."

- 골 3:19, "남편들아 아내를 사랑하며(현재형 – 언제나 사랑하며) 괴롭게 하지(현재형 – 언제든 괴롭게 하지) 말라."

- 골 3:20, "자녀들아 모든 일에 부모에게 순종하라(현재형 – 언제나 순종하라) 이는 주 안에서 기쁘게 하는 것이니라."

- 골 3:21, "아비들아 너희 자녀를 노엽게 하지(현재형 – 언제라도 노엽게 하지) 말지니 낙심할까 함이라."

이처럼 3장에서 4장 6절까지는 계속 일련의 현재 명령법을 통해 날마다 실천해야 할 의무를 명령한다. 그러나 마음에서 죄를 제거하고 성령의 열매를 덧입는 의무를 명령할 때는 언제나 아오리스트 명령법을 사용한다. 성경 본문을 가감 없이 있는 그대로 고찰하는 사람이라면 완전 성화와 성령 충만은 순간적으로 이루어지므로 아오리스트를 사용한다면, 다른 사람들에 대한 의무는 부단히 반복해야 하므로 현재형을 사용한다는 사실을 알게 될 것이다. 본문의 명령들이 아오리스트와 현재형을 구분해 사용한 것에 대해 달리 설명할 방법은 없다.

- 살전 3:13, "너희 마음을 굳건하게 하시고(아오리스트) 우리 주 예수께서 그의 모든 성도와 함께 강림하실 때에 하나님 우리 아버지 앞에서 거룩함에 흠이 없게 하시기를 원하노라."

이 구절에서 아오리스트는 단회적이고 순간적인 행위를 나타낸다. 골로새서에서 살펴본 아오리스트와 현재형의 구분이 4:9에서 나타난다. "형제 사랑에 관하여는 너희에게 쓸 것이 없음은 너희들 자신이 하나님의 가르치심을 받아 서로 사랑함이라(현재형)." 여기서 현재형이 사용된 것은 "서로 사랑함"이 계속적인 의무이기 때문이다. 동일한 현재형이 히브리서 9:14에서도 사용된다. "하물며 영원하신 성령으로 말미암아 흠 없는 자기를 하나님께 드린 그리스도의 피가 어찌 너희 양심을 죽은 행실에서 깨끗하게 하고 살아계신 하나님을 섬기게(현재형 – 지속적으로 섬기게) 하지 못하겠느냐."

- 살전 4:8, "그러므로 저버리는 자는 사람을 저버림이 아니요 너희에게 그의 성령을 주신(아오리스트) 하나님을 저버림이니라."

알포드는 여기서 아오리스트가 사용된 것은 성령을 주신 것이 "하나님께서 성자를 통해 행하신 위대하고도 뚜렷한 행위"이기 때문이라고 설명한다. 성령을 주시는 것은 하나님의 섭리시대를 구분 짓는(dispensational) 사건이든, 충만한 은혜를 개인적으로 경험한(individual) 사건이든, 매우 뚜렷한 사건이다.

- 살전 5:23, "평강의 하나님이 친히 너희를 온전히 거룩하게 하시고(아오리스트 – 단번에 최종적으로 거룩하게 하시고) 또 너희의 온 영과 혼과 몸이 우리 주 예수 그리스도께서 강림하실 때에 흠 없게 보전되기를(optative aorist, 기원에 관한 아오리스트 – 신자를 지키시는 능력이 마음에서 근원적으로 시작되기를) 원하노라."

바울의 문법 지식의 정교함을 25-26절에서 볼 수 있다. "형제들아 우리를 위하여 기도하라(현재형 – 계속 기도하라). 거룩하게 입맞춤으로 모든 형제에게 문안하라(아오리스트)." 기도가 지속적이어야 한다면, 입맞춤의 문안은 순간적이다.

- 딤후 2:21 "그러므로 누구든지 이런 것에서 자기를 깨끗하게 하면(아오리스트) 귀히 쓰는 그릇이 되어 거룩하고(완료형 – 그 후로도 변함없이 거룩하고) 주인의 쓰심에 합당하며 모든 선한 일에 준비함이 되리라(완료형 – 그 후로도 항상 준비되어 있으리라)." 깨끗하게 하는 결정적인 사건이, 그 후로도 항구적으로 거룩하고 선한 일에 준비된 상태가 되게 하는 결과를 가져온다.

- 딛 2:14, "그가 우리를 대신하여 자신을 주심은(아오리스트) 모든 불법에서 우리를 속량하시고(아오리스트) 우리를 깨끗하게 하사(아오리스트) 선한 일을 열심히 하는 자기 백성이 되게 하려 하심이라." 여기서 동사 '주다' '속량하다' '깨끗하게 하다'는 모두 아오리스트이며, 이는 그것이 순간적으로 이루어지는 일임을 나타낸다. 하나님의 백성이 깨끗하게 됨으로 선한 일을 열심히 하게 되는 것은 죽기 전 곧 살아있을 때 이루어진다.

- 딛 3:4,6, "우리 구주 하나님의 자비와 사람 사랑하심이 나타날(아오리스트) 때에 … 우리 구주 예수 그리스도로 말미암아 우리에게 그 성령을 풍성히 부어주사(아오리스트)."

성령을 주심은 또 다른 섭리시대를 열기 위함이기도 하지만, 동시에 각 개인을 성결하고 능력 있게 하기 위함이기도 하다. 이에 사람들은 모든 시대에 개인적 오순절을 경험해 왔다. 바울은 그런 오순절을 경험한 후 로마서 5:5에서 "소망이 우리를 부끄럽게 하지 아니함은 우리에게 주신 성령으로 말미암아 하나님의 사랑이 우리 마음에 부은 바 됨이니"라고 간증했다.

- 히 4:11, "그러므로 우리가 저 안식에 들어가기를 힘쓸지니(아오리스트)."

이 구절은 열정적이고 진지한 노력을 명령하는데, '힘쓰다'의 헬라어 '스푸다조'($\sigma\pi o\upsilon\delta\acute{\alpha}\zeta\omega$)는 여호수아 4:10에서 이스라엘 백성이 요단강을 건널 때의 긴박한 상황을 묘사하면서 사용한 "속히 (하다)"와 같은 의미다.

- 히 10:2, "그렇지 아니하면 섬기는 자들이 단번에 정결하게 되어 (완료형 – 그 후에도 변함없이 정결하여) 다시 죄를 깨닫는 일이 없으리니 어찌 제사 드리는 일을 그치지 아니하였으리요."

- 히 10:26, "우리가 진리를 아는 지식(ἐπίγνωσις)을 받은(아오리스트) 후 짐짓 죄를 범한즉(현재형 – 계속 죄를 저지르면) 다시 속 죄하는 제사가 없고."

- 히 12:1, "모든 무거운 것과 얽매이기 쉬운 죄를 벗어버리고(아오 리스트 – 단번에 영구히 벗어버리고)."

이 죄를 영어 RV 성경은 "우리에게 들러붙어 있는 죄"로, 에라스무스나 루터, 칼빈, 에르네스티(Ernesti) 등은 "죄로 향하는 내적 성향"으로, 델리취 는 "내주하는 악으로서의 죄"로 해석한다.

- 히 12:2, "믿음의 주요 또 온전하게 하시는 이인 예수를 바라보자 (현재형 – 언제나 바라보자)." 이는 승리하는 신자의 태도는 언제 나 푯대를 향해 달려가는 것임을 뜻한다.

- 히 13:12, "그러므로 예수도 자기 피로써 백성을 거룩하게 하려고 (아오리스트) 성문 밖에서 고난을 받으셨느니라(아오리스트)."

- 히 13:20-21, "평강의 하나님이 모든 선한 일에 너희를 온전하게 하사(아오리스트 – 별도의 구별된 행위로서) 자기 뜻을 행하게 하시고 그 앞에 즐거운 것을 예수 그리스도로 말미암아 우리 가 운데서 이루시기를 원하노라."

일보다 먼저 온전하게 되어야 하는 것은 사람이다.

- 약 1:21, "그러므로 모든 더러운 것과 넘치는 악을 내버리고(아오리스트) 너희 영혼을 능히 구원할(아오리스트, 이는 '구원을 온전히 이루고 영원히 확고히 하는 능력'을 뜻한다) 바 마음에 심어진 말씀(칭의의 신앙이 이미 있음을 의미한다)을 온유함으로 받으라(아오리스트)."

이 구절에서 "모든 더러운 것과 넘치는 악"을 마이클리스(Michaelis)는 "옛적부터 있어온 사람 마음에 있는 악한 성품이라는 찌꺼기"로, 영국 국교회 신조 제9조는 "거듭난 신자 속에 남아 있는 본성의 오염"으로 표현한다. 알포드에 따르면, 이 "악을 내버리는 일은 단회적 행동으로, 이후의 내용보다 시간적으로 앞서야 한다." 그는 "이런 내용을 통해 우리는 야고보서가 이미 신앙을 가진 그리스도인들에게 권면하고 있음을 분명히 알 수 있다"고 설명한다. 웨슬리는 야고보가 그들에게 "더 기다리거나 더 많은 고통을 당할 필요 없이" 그리스도께서 흘리신 보혈을 전적으로 의지하는 믿음에 의해 즉각적으로 완전 성화를 얻도록 권면하고 있다고 설명한다.

- 약 4:8, "죄인들아 손을 깨끗이 하라(아오리스트) 두 마음을 품은 자들아 마음을 성결하게 하라(아오리스트)."

벵겔은 "죄인들이 행동으로 잘못을 저지른다면, 두 마음을 품은 자들은 마음으로 잘못을 저지른다"고 설명한다. 그에 따르면, 전자는 자연인으로서 중생을 간구해야 한다면, 후자는 그리스도인이지만 신령한 자가 아닌 육신에 속한 자(고전 3:1)로서 완전 성화를 필요로 한다. 알포드는 "두 마음을 품은 자들은 사랑의 대상이 하나님과 세상으로 나뉜 사람들이다"라고 말한다. 이 본문은 성결의 은혜가 두 개로 나뉜 마음을 순간적으로 치료해 단일한 마음이 되게 한다는 사실을 가르친다.

- 벧전 1:15-16, "(15) 오직 너희를 부르신 거룩한 이처럼 너희도 모든 행실에 거룩한 자가 되라(아오리스트 – 전적으로 의탁하는 믿음에 의해 순간적으로 거룩한 자가 되라). (16) (공인본문) 기록되었으되 내가 거룩하니 너희도 거룩할지어다(아오리스트) 하셨느니라."

여기서 아오리스트는 점진적 발전이 아닌 죄로부터 성결로의 순간적 변화를 가리킨다. "너희도"라는 말은 거룩함이 내재적이고 인격적이라는 사실에 대한 확증이다. 또 "모든 행실에"라는 구절은 거룩함이 이루어지는 장소가 이 땅에서의 우리의 일상생활이지, 하늘에서 영화롭게 되신 예수 그리스도 안에서가 아님을 보여준다. 요한1서 4:17도 "주께서 그러하심과 같이 우리도 이 세상에서 그러하니라"라고 말씀한다.

- 벧전 3:15, "너희 마음에 그리스도를 주로 삼아 거룩하게 하고 (아오리스트)."

알포드가 지지하는 바이진거(Wiesinger)의 해석에 의하면, "구약성경을 인용하면서 '너희 마음에'라는 말을 덧붙인 것은, 성결이 완성되어야 하는 곳이 사람의 내면임을 알려주어 잘못된 염려를 떨쳐버리게 하기 위한 것이다." 즉, "오직 당신의 마음이 그리스도의 성전이 되도록 주의하라. 그러면 아무것도 당신을 방해하지 않을 것이다"라는 뜻이다. 이는 그리스도께서 마음을 온전히 다스리시는 시작점이 있어야 함을 의미한다. 그러므로 이 구절에서 아오리스트 시제는 정확히 '당신의 마음속 주 예수 그리스도를 위한 자리를 단번에 최종적으로 거룩하게 하라'는 요구를 나타낸다. 하나님을 그리스도로 대체한 것에 대해서는 비평적 해설을 참고하라. 15-16절 전체는 이 세상에서 그 거룩함을 얻을 때 어떤 삶이 가능한지를 보여준다. "너희 마음에 그리스도를 주로 삼아 거룩하게 하고 너희 속에 있는 소망에 관한 이유를 묻는 자에게는 대답할 것을 항상 준비하되 온유와 두려움으로 하고 선한 양심을 가지라 이는 그리스도 안에 있는 너희의 선행을 욕하는 자들로 그 비방하는 일에 부끄러움을 당하게 하려 함이라."

- 벧전 5:7, "너희 염려를 다 주께 맡기라(아오리스트) 이는 그가 너희를 돌보심이라."

알포드는 이 구절이 "염려가 생길 때마다 하나씩 맡기는 것이 아니라, 일생 전체의 모든 염려를 단번에 최종적으로 주께 맡기라"라는 의미라고 설명한다.

- 벧후 1:4, "이로써 그 보배롭고 지극히 큰 약속을 우리에게 주사 이 약속으로 말미암아 너희가 정욕 때문에 세상에서 썩어질 것을 피하여(아오리스트) 신성한 성품에 참여하는 자가 되게(아오리스트) 하려 하셨느니라."

알포드는, "'되다'에 아오리스트를 사용한 이유를 충분히 설명한 곳을 나는 아직까지 보지 못했다. 아오리스트는 대체로 번역하기 어려운데, 헬라어에서는 과정을 이루어가는 것이 아닌 완성과 성취를 표현하기 위한 것으로 보인다"라고 말한다. 이는 같은 구절의 "피하여"에 사용된 아오리스트 분사에서도 알 수 있다.

- 벧후 1:19, "또 우리에게는 더 확실한 예언이 있어(현재형) 어두운 데를 비추는(현재분사) 등불과 같으니 날이 새어(아오리스트) 샛별이 너희 마음에 떠오르기까지(아오리스트) 너희가 이것을 주의하는(현재분사) 것이 옳으니라(현재형)."

어떤 사람은 억지 설명을 더해 본문의 의미를 모호하게 하지만, 우리는 그렇게 본문을 읽지 않을 마땅한 권리가 있다. 먼저는 고통스러운 회의를 경험하고 후에 구름 한 점 없는 확신을 경험하게 되었으며, 또 처음에는 기적과 예언이라는 외적 증거에 병적으로 매달리다 후에는 마치 해가 떠오르듯 그리스도께서 그 마음에 나타나신 것을 경험한 저자의 신앙적 체험을 이 구절보다 더 탁월하게 묘사한 곳은 성경에 없다. 이 구절에는 '있다' '비추다' '주의하다' '옳다'라는 현재 시제로 된 네 개의 동사가 있으며, 이는 그리스도인이 신앙의 초기에 빛과 어둠이 교차하는 상황을 경험한다는 사실을 나타낸다. 어둡고 더러운 곳에서 희미하게 비치는 등불은 불결함을 볼 수 있을 정도로만 빛을 낼 뿐, 타오르는 불과 같이 그것을 소멸시키지는 못한다. 이런 희미한 빛 아래에서는 영혼이 의심으로 고통당하기에, 그리스도인은 동이 터 밝은 태양이 떠오르기를 간절히 바라고 기다리게 된다. 끈기 있게 기다린 사람에게는 마침내 이글거리는 태양이 떠오르며, 어둠은 물러가고 더러운 곳은 깨끗해진다.

　　"주님 날 위해 죽으시다니

　　그것이 사랑, 사랑입니다!

　　주님 내 맘에 속삭이심을 들으니

　　아침이 밝아오고 어둠은 물러갑니다.

　　당신은 순결하고 크신 사랑입니다.

　　그 마음 나에게, 모두에게 향하십니다.

　　당신의 본성, 당신의 이름은 사랑입니다."

그러나 이 사실이 헬라어 성경에서는 어떻게 표현되어 있는가? '날이 새다'와 '떠오르다'라는 두 개의 아오리스트 동사의 역할에 유의하라. 알포드는 그것이 "현재분사로 표시된 상태(어두운 빛 가운데 머물던 상태 – 역주)를 종결시킨다"고 설명한다. 그로티우스(Grotius), 데 베트, 휘터(Huther)는 "샛별"이 무엇인지에 대해, 덜 완전한 베드로후서 독자들에게 더해져야 할 어떤 상태를 가리킨다고 훌륭하게 설명한다.

휘터의 설명은 다음과 같다. "베드로는 그리스도인의 삶을 두 단계로 구분한다. 첫 단계에서는 신앙이 외적인 증거에 의존한다면, 둘째 단계에서는 성령의 내적 계시에 의존한다. 첫 단계에서는 각각의 세부적인 것을 서로 분리된 채로 믿는다면, 둘째 단계에서는 각각의 세부적인 것이 연결되어 전체를 이루는 체계를 형성한다. 그래서 첫 단계의 상태를 자연히 등불이나 촛불 아래 어둡고 더러운 장소에서 걷는 것으로, 둘째 단계는 아침의 환한 빛 속에서 걷는 것으로 일컫는다." 알포드는 "나는 이 후자의 상태를 그리스도인이 참되게 경험한다고 믿는다"라고 부연한다.

요약하자면, 이 구절은 다음 두 가지를 말씀하고 있다. (1) 영적 생명에는 등불과 태양빛으로 상징되는 두 개의 다른 상태가 있다. (2) 아오리스트 시제는 마음에 영광스러운 대낮이 찾아옴으로 첫 번째 상태에서 두 번째 상태로의 뚜렷한 전이(轉移)가 이루어짐을 나타낸다. 우리는 이것이 매우 비유적이고 아름다운 이 본문에 대한 정확한 해석이라고 믿는다. 이 해석은 온전한 사랑을 분명히 체험한 모든 사람의 경험과도 일치한다.

- 벧후 2:20, "만일 그들이 우리 주 되신 구주 예수 그리스도를 앎으로 세상의 더러움을 피한(아오리스트) 후에 다시 그중에 얽매이고(아오리스트) 지면 그 나중 형편이 처음보다 더 심하리니."

- 벧후 2:22, "참된 속담에 이르기를 개가 그 토하였던 것에 돌아가고(아오리스트) 돼지가 씻었다가 더러운 구덩이에 도로 누웠다(아오리스트) 하는 말이 그들에게 응하였도다."

- 요일 1:9, "만일 우리가 우리 죄를 자백하면(현재형) 그는 미쁘시고 의로우사 우리 죄를 사하시며(아오리스트) 우리를 모든 불의에서 깨끗하게 하실 것이요(아오리스트)."

깨끗하게 하시는 일은 용서하시는 일과 마찬가지로 명확하고 뚜렷하며 결정적이다. 알포드는 이처럼 아오리스트가 가진 강한 의미를 외면할 수 없어 다음과 같이 말한다. "두 동사에 아오리스트가 사용된 것에 주의하라. 하나님의 신실하심과 의로우심은 하나의 위대하고 종합적인 구원의 경륜 속에서 죄를 사하시는 일과 성결하게 하시는 일 각각을 행하신다."

듀스터디에크(Dusterdieck)는 "그리스도의 죽으심과 보혈은 (1) 우리의 칭의를 위한 속죄 제물과, (2) 우리의 성화를 위해 깨끗하게 하는 수단으로 제시된다"고 설명한다. 만약 깨끗하게 하는 일이 점진적으로 이루어진다면, 아오리스트가 아닌 현재형이 사용되었을 것이다. 점진적 칭의라는 것이 있을 수 없듯, 점진적 성결이라는 주장은 문법적 논거를 가질 수 없다.

- 요일 2:1, "나의 자녀들아 내가 이것을 너희에게 씀은 너희로 죄를 범하지(아오리스트) 않게 하려 함이라 만일 누가 죄를 범하여도(아오리스트 – 습관을 말하는 것이 아니라, 단 한 번 죄를 범하는 일이 있더라도) 아버지 앞에서 우리에게 대언자가 있으니(현재형 – 항상 모시고 있으니) 곧 의로우신 예수 그리스도시라."

- 요일 2:27, "너희는 주께 받은(아오리스트 – 순간적으로 받은) 바 기름 부음이 너희 안에 거하나니."

대제사장의 기름 부음은 순간적인 것이지 오랜 과정에 걸쳐 이루어지는 것이 아니다.

- 요일 3:6, "그 안에 거하는 자마다 범죄하지 아니하나니 범죄하는 자마다 그를 보지도 못하였고 그를 알지도(완료형) 못하였느니라."

영어 성경에서 이 구절은, 그 형제를 사랑하지 않는 사람은 구원하시는 하나님을 과거에 한 번도 알았던 적이 없었다는 의미로 잘못 해석하기 쉽다. 그러나 헬라어에서 '알다'라는 동사에 완료형을 사용한 것은 현재와 연관성이 있기 때문이다(와이너의 책 290페이지 참고). 알포드는 "'알았다'(have known)와 같은 완료형은 과거에 어떤 사건이 있었든지 간에 그것이 현재까지 계속 미치는 영향을 가리킨다"고 설명한다. 따라서 이 구절을 "범죄하는 자마다 지금은 그를 보지 못하고 알지 못한다"라고 번역한다. 그가 과거에는 하나님을 보고(영적으로 지각하고) 아는 상태였을 수 있지만, 지금은 그렇지 않다는 것이다.

- 요일 3:9, "하나님께로부터 난(완료형 – 항구적으로 자녀 된 관계에 들어간) 자마다 죄를 짓지(현재형 – 계속적으로 죄를 짓지) 아니하나니 이는 하나님의 씨가 그의 속에 거함이요 그도 범죄하지 못하는 것은 하나님께로부터 났음이라(완료형)."

만약 이 구절에 완료형 대신 아오리스트가 쓰였더라면, "한 번 구원은 영원한 구원"이라는 영원한 구원 보장설을 입증해 주는 성구가 되었을 것이다. 그러나 알포드는 "사람 속에 거하는 신적 생명의 힘이 죄를 내쫓는다. 그러나 죄가 들어오면 그 힘이 계속 머물지는 않는다. "하나님께로부터 나서 지금도 그러한"(완료형) 사람에게 죄가 들어오면, 그는 "과거 한때 하나님께로부터 난(아오리스트) 적이 있는" 사람이 되어버릴 위험에 처하는 것이다. 그것은 살아있는 생명이 아니라, 한때 가졌으나 잃어버린 생명일 뿐이다. 성경에서 이런 구절들은, 이 구절에 대한 칼빈의 해석처럼 신자의 최종적 견인 교리를 입증하지 않고, 사실상 영국 국교회가 가르치는 것처럼 우리가 구원의 상태에 머물려면 모든 죄 된 행동과 생각으로 타락할 위험에서 지켜주시는 하나님의 특별한 은혜를 날마다 필요로 한다는 정반대의 교리를 증언한다.

- 계 7:14, "내가 말하기를 내 주여 당신이 아시나이다 하니 그가 나에게 이르되 이는 큰 환난에서 나오는 자들인데 어린양의 피에 그 옷을 씻어(아오리스트) 희게 하였느니라(아오리스트)."

두 동사 모두 아오리스트를 사용해 씻고, 희게 하는 것이 결정적 행위임을 나타낸다. 헹스텐베르크(Hengstenberg)는 전자를 죄 용서로, 후자를 완전성화로 해석한다.

비평적 독자들은 헬라어 성경에서 아오리스트가 구별된 행위가 아닌, 어떤 상태를 의미할 수밖에 없는 경우를 간혹 발견하게 될 것이다. 그런 경우 아오리스트는 다음 중 한 부류에 속한다.

1. 헬라어에서 어떤 현재 시제도 사용되지 않은 경우.

2. '살다' '거하다' '걷다' '계속하다' 등의 동사처럼 그 자체가 지속의 의미를 내포하는 경우 아오리스트는 그 상태에 들어가는 것을 나타낸다. 이를 '기동적 아오리스트'(inceptive aorist)라 부른다. 하들리의 헬라어 문법, 708페이지를 참고하라.

3. 신약성경과 일반적인 고전 작가 모두 화자의 감정을 강하게 표현할 경우에는 문맥과 관계없이 갑자기 아오리스트 명령법을 사용한다. 디모데후서 4:2과 야고보서 4:7-10을 참고하라.

4. 드물지만 헬라어 성경은 한동안 지속된 것이 오래전 일이고, 행동의 과정이 완성된 것으로 여겨지는 습관적 행위에도 아오리스트를 사용한다. 데살로니가후서 1:10과 베드로전서 3:6에 대한 알포드의 설명을 참고하라. 그러나 이 글에서 인용한 완전 성화와 성결을 나타내는 아오리스트는 이 네 부류 중 어디에도 해당하지 않는다.

우리는 이러한 동사가 개인을 언급할 때 미완료 시제로 사용되는지 찾아보았으나 실패했다. 동사 '거룩하게 하다'(ἁγιάζω, 하기아조)는 언제나 아오리스트나 완료형으로만 사용된다.

- 행 20:32, "지금 내가 여러분을 주와 및 그 은혜의 말씀에 부탁하노니 그 말씀이 여러분을 능히 든든히 세우사 거룩하게 하심을 입은(완료형) 모든 자 가운데 기업이 있게 하시리라."

- 행 26:18, "그 눈을 뜨게 하여 어둠에서 빛으로, 사탄의 권세에서 하나님께로 돌아오게 하고 죄 사함과 나를 믿어 거룩하게 된(완료형) 무리 가운데서 기업을 얻게 하리라 하더이다."

- 롬 15:16, "이 은혜는 곧 나로 이방인을 위하여 그리스도 예수의 일꾼이 되어 하나님의 복음의 제사장 직분을 하게 하사 이방인을 제물로 드리는 것이 성령 안에서 거룩하게 되어(완료형) 받으실 만하게 하려 하심이라."

- 고전 1:1-2, "하나님의 뜻을 따라 그리스도 예수의 사도로 부르심을 받은 바울과 형제 소스데네는 고린도에 있는 하나님의 교회 곧 그리스도 예수 안에서 거룩하여지고(완료형) 성도라 부르심을 받은 자들과 또 각처에서 우리의 주 곧 그들과 우리의 주 되신 예수 그리스도의 이름을 부르는 모든 자들에게."

- 딤후 2:21, "그러므로 누구든지 이런 것에서 자기를 깨끗하게 하면 귀히 쓰는 그릇이 되어 거룩하고(완료형) 주인의 쓰심에 합당하며 모든 선한 일에 준비함이 되리라."

- 히 10:10, "이 뜻을 따라 예수 그리스도의 몸을 단번에 드리심으로 말미암아 우리가 거룩함을 얻었노라(완료형)."

- 히 10:29, "하물며 하나님의 아들을 짓밟고 자기를 거룩하게 한 (아오리스트) 언약의 피를 부정한 것으로 여기고 은혜의 성령을 욕되게 하는 자가 당연히 받을 형벌은 얼마나 더 무겁겠느냐 너희는 생각하라."

동사 '정결하게 하다'(καθαρίζω, 카타리조) 역시 언제나 아오리스트 또는 완료형으로 사용된다. 여기서 우리는 사전 준비 과정이 얼마나 길었든지 간에 완전 성화의 사역에서 성령의 능력은 순간적 역사로 일거에 나타난다는 사실을 추론할 수 있다. 이러한 은혜를 경험한 사람들의 보편적인 간증도 이를 확증한다.

조셉 아가 비트(Joseph Agar Beet) 교수는 다음과 같이 설명한다. "우리는 신약성경에서 이미 이루어진 거룩함 안에서의 지속과 성장을 언급하는 요한계시록 22:11("불의를 행하는 자는 그대로 불의를 행하고 더러운 자는 그대로 더럽고 의로운 자는 그대로 의를 행하고 거룩한 자는 그대로 거룩하게 하라") 외에는 점진적 과정으로서의 성결을 분명하고 명백하게 읽을 수 없다. 히브리서 2:11("거룩하게 하시는 이와 거룩하게 함을 입은 자들이 다 한 근원에서 난지라 그러므로 형제라 부르시기를 부끄러워하지 아니하시고")과 10:14("그가 거룩하게 된 자들을 한 번의 제사로 영원히 온전하게 하셨느니라")의 현재분사도 반드시 점진적 과정을 암시하지는 않는다.

점진적 과정이 필수적으로 암시되지 않는 이유는, 동일한 개인이 아니라 각기 다른 사람들에게서 연속적으로 나타나는 순간적 행위의 반복을 묘사하는 일에는 현재 시제가 사용되기 때문이다. 그래서 로마서 3:24의 "그리스도 예수 안에 있는 속량으로 말미암아 하나님의 은혜로 값없이 의롭다 하심을 얻은(현재형) 자 되었느니라"에서 믿음으로 얻는 칭의는 현재 시제로 표현된다. 이는 신자의 죄를 용서하시는 일이 점진적 과정이기 때문이 아니라, 서로 다른 신자들이 연이어 하나님의 은혜로 값없이 의롭다 하심을 얻기 때문이다. 동일한 이유로 마태복음 8:3["예수께서 손을 내밀어 그에게 대시며 이르시되 내가 원하노니 깨끗함을 받으라(아오리스트) 하시니 즉시 그의 나병이 깨끗하여진지라(아오리스트)"]에서 나병환자 개인이 고침을 받을 때는 아오리스트를 두 번 사용하지만, 마태복음 10:8["병든 자를 고치며(현재형) 죽은 자를 살리며(현재형) 나병환자를 깨끗하게 하며(현재형) 귀신을 쫓아내되(현재형) 너희가 거저 받았으니 거저 주라"]에서는 많은 사람이 한 사람 한 사람 연이어 고침 받는 것이기에 현재 명령형을 사용한다.

캐논 웨스트코트(Canon Westcott)는 동사 '거룩하게 하다'에 현재 시제가 사용된 단 두 곳인 히브리서 2:11("거룩하게 하시는 이와 거룩하게 함을 입은 자들이 다 한 근원에서 난지라 그러므로 형제라 부르시기를 부끄러워하지 아니하시고")과 10:14("그가 거룩하게 된 자들을 한 번의 제사로 영원히 온전하게 하셨느니라")이 언급하는 사람들은 '연속적인 발생'의 경우일 수 있음을 인정한다. 그러면서도 "현재 시제는 하나님의 선물이 개인의 삶에서 단계별로 천천히 실현되는 지속적인 과정을 나타낸다"는 대안을 제시하는데, '거룩하게 하다' '깨끗하게 하다' '(죄를) 멸하다' 등의 동사에 일반적으로 아오리스트를 사용한다는 점에서 그 가능성은 매우 희박해 보인다.